# OS LIBANESES

## COLEÇÃO POVOS & CIVILIZAÇÕES

Coordenação Jaime Pinsky

OS ALEMÃES *Vinícius Liebel*
OS AMERICANOS *Antonio Pedro Tota*
OS ARGENTINOS *Ariel Palacios*
OS CANADENSES *João Fábio Bertonha*
OS CHINESES *Cláudia Trevisan*
OS COLOMBIANOS *Andrew Traumann*
OS ESCANDINAVOS *Paulo Guimarães*
OS ESPANHÓIS *Josep M. Buades*
OS FRANCESES *Ricardo Corrêa Coelho*
OS INDIANOS *Florência Costa*
OS INGLESES *Peter Burke* e *Maria Lúcia Pallares-Burke*
OS IRANIANOS *Samy Adghirni*
OS ITALIANOS *João Fábio Bertonha*
OS JAPONESES *Célia Sakurai*
OS LIBANESES *Murilo Meihy*
OS MEXICANOS *Sergio Florencio*
O MUNDO MUÇULMANO *Peter Demant*
OS PORTUGUESES *Ana Silvia Scott*
OS RUSSOS *Angelo Segrillo*

Proibida a reprodução total ou parcial em qualquer mídia sem a autorização escrita da Editora.
Os infratores estão sujeitos às penas da lei.

A Editora não é responsável pelo conteúdo deste livro.
O Autor conhece os fatos narrados, pelos quais é responsável, assim como se responsabiliza pelos juízos emitidos.

Consulte nosso catálogo completo e últimos lançamentos em **www.editoracontexto.com.br**.

Murilo Meihy

# OS LIBANESES

*Copyright* © 2016 do Autor

Todos os direitos desta edição reservados à
Editora Contexto (Editora Pinsky Ltda.)

*Fotos de capa*
Foto editada de Petteri Sulonen (CC BY 2.0)
e Library of Congress Prints and
Photographs Division Washington (c. 1898-1914)

*Montagem de capa e diagramação*
Gustavo S. Vilas Boas

*Preparação de textos*
Lilian Aquino

*Revisão*
Fernanda Guerriero Antunes

Dados Internacionais de Catalogação na Publicação (CIP)
Angélica Ilacqua CRB-8/7057

Meihy, Murilo
Os libaneses / Murilo Meihy. – 1. ed., 4ª reimpressão. –
São Paulo : Contexto, 2025.
208 p. (Povos e Civilizações)

Bibliografia
ISBN 978-85-7244-932-8

1. Libaneses  2. Líbano – História  3. Líbano – Cultura
4. Líbano – Política e governo  I. Título  II. Série

15-1041                                          CDD 956.9

Índice para catálogo sistemático:
1. Libaneses

2025

EDITORA CONTEXTO
Diretor editorial: *Jaime Pinsky*

Rua Dr. José Elias, 520 – Alto da Lapa
05083-030 – São Paulo – SP
PABX: (11) 3832 5838
contato@editoracontexto.com.br
www.editoracontexto.com.br

*Para meu pai, Marcelo Bon Meihy:*

*"Yaqub calculou que o silêncio seria mais eficaz do que uma resposta escrita."*
*Milton Hatoum*

# SUMÁRIO

"BRIMOS, BATRÍCIOS, E HABIBS": QUEM SÃO OS LIBANESES?   9
   Cada um tem o Líbano que merece   9
   Mas... quem são os libaneses?   11

QUEM PRECISA DE ASTERIX? O LÍBANO HISTÓRICO   23
   Fenícia: o comércio como herança cultural   23
   Uma terra, mil senhores: a região do Líbano até a Idade Média   30
   A chegada dos árabes e dos cruzados   34

TURCO É A MÃE! AS RAÍZES DO LÍBANO   41
   Vidas cruzadas   41
   Os senhores da montanha   51
   A presença francesa   56

CHAMPANHE EM BARRIL DE CEDRO:
O LÍBANO CONTEMPORÂNEO   59
   Um brinde à independência   59
   Anos gloriosos: a Suíça do Oriente   64
   Anos dolorosos: a Guerra Civil   68
   A paz em pequenos tragos   74

A GEOGRAFIA DA ALGAZARRA   79
   Uma montanha de problemas em um deserto de soluções   79
   Por que o Líbano não é apenas o país dos cedros?   83
   Os recursos naturais   90

| | |
|---|---|
| COMER, FUMAR, XINGAR: A CULTURA LIBANESA | 95 |
| A comida como ferramenta de socialização | 95 |
| A cultura do tabaco: onde o arguile é a lei | 105 |
| As questões étnicas: quando xingar é uma arte | 109 |
| | |
| OLHA O QUIBE! PROBLEMAS ATUAIS E DESAFIOS | 115 |
| Muito sultão para pouca odalisca: a política e o Estado | 115 |
| O pecado mora ao lado: os vizinhos e os interesses estrangeiros | 118 |
| As maldições: água e turismo | 126 |
| | |
| SER OU NÃO SER LIBANÊS, EIS A QUESTÃO DA POPULAÇÃO VULNERÁVEL! | 131 |
| O que faz do Líbano o Líbano: um jovem país jovem | 131 |
| A polêmica condição das mulheres libanesas | 135 |
| Os "outros" libaneses: os refugiados | 139 |
| | |
| AQUARELA LIBANESA: AS ARTES NO LÍBANO | 145 |
| O que a guerra não apaga: a arquitetura libanesa contemporânea | 145 |
| Muito além da caligrafia: a literatura libanesa | 150 |
| Quem canta, seus males ressalta: a música do Líbano | 157 |
| Entre o Cairo e Hollywood: a sétima arte no Líbano | 162 |
| | |
| LÍBANO E BRASIL: A LÓGICA DA ESFIHA DE FRANGO | 167 |
| Da imigração à hibridização cultural | 167 |
| O Brasil como destino | 169 |
| Quando a coalhada azeda: estigmas e conflitos da imigração libanesa no Brasil | 175 |
| | |
| CRONOLOGIA | 183 |
| | |
| BIBLIOGRAFIA | 187 |
| | |
| O AUTOR | 189 |
| | |
| AGRADECIMENTOS | 191 |

# "BRIMOS, BATRÍCIOS E HABIBS": QUEM SÃO OS LIBANESES?

## CADA UM TEM O LÍBANO QUE MERECE

Pode parecer um exagero ou uma daquelas lembranças falsas e idealizadas, mas eu me lembro como se fosse hoje da primeira vez que ouvi a palavra "Líbano". Na cozinha da minha casa de infância, tudo que era bom, gostoso e perfumado "vinha do Líbano", ainda que em plenos anos 1980 as imagens que surgem na televisão sobre a terra da minha família dissessem o contrário. Esse quadro complexo e instável, que misturava o sabor dos doces de pistache e os tiros da Guerra Civil deixava claro que o meu Líbano era melhor que o da vida real.

Cresci atrás do balcão de uma loja de tecidos em Guaratinguetá, interior de São Paulo, sob a influência de frases de efeito que ajudavam meus pais e avós a venderem os panos e os armarinhos que vestiam as dondocas da elite urbana e a gente simples do mundo rural daquela pequena cidade. Na mesma praça principal de "Guará", a loja concorrente que disputava conosco o interesse da freguesia era a "Casa Síria", e essa era a nossa guerra civil cotidiana. Se eles vendiam seda pura a 50 mil cruzeiros, nós vendíamos a 45 mil e esperávamos que o cliente fosse correndo contar aos nossos rivais que "nos libaneses era mais barato". Entre uma negociação e outra, aquelas figuras docemente loucas, com traços marcantes e olhos amendoados que eu chamava de família, contavam-me histórias sobre casamentos, festas e brigas que envolviam nomes como Ibrahim, Sara, Elias e *homus bi tahine* (pasta de grão de bico).

Aos domingos, pegávamos a Variant branca do meu pai para visitar os Samahá em Lorena, os Ghanen no Rio de Janeiro, ou esperávamos a segunda-feira para ir à Rua 25 de Março em São Paulo para comprar mais tecidos e munições para nossa guerra contra a "Casa Síria". Tudo tinha cheiro de *zaathar*, gosto de esfiha, e vinha acompanhado de palavras como "*balech*", "*khele*" e muitos "*chufi heda*".

O tempo foi passando e aquele pequeno Líbano de Guaratinguetá foi se estendendo para o Oriente Médio real. Em 1999, a "Casa Sebe" fechou suas portas, o que me permitiu trocar o balcão da loja pela universidade. Os livros de História Contemporânea passaram a servir de guias explicativos sobre aquelas esquisitices

10 | Os libaneses

que eu podia observar nas ruas de cidades como Zahle, Beirute e Jbeil no verão do Líbano: fotos do aiatolá Khomeini, postos de comando do exército sírio e nativos libaneses usando palavras como "*Bonjour*", "*Ça va*" e "*Merci*". Eu poderia consultar amigos, parentes e até estranhos que facilmente puxavam conversa pelas ruas do país, mas as explicações sobre a situação do Líbano atual eram sempre insatisfatórias. Meu pai, por exemplo, tentava responder às minhas perguntas com a mesma sensibilidade de um camelo raivoso. Acho que, na verdade, eu é que não tinha delicadeza para perceber que aquelas perguntas eram impertinentes para os ouvidos de alguém que amava tanto o Líbano. Eu insistia: "Pai, aqui não tem semáforos?", e ele respondia: "Não, isso é para os fracos!". "Pai, como é o sufismo?", e ele respondia: "Ah, é a macumba do islã!"; mas... "Pai, não tem cerveja aqui?", e ele: "O que mais você quer? Uma porção de torresmos?".

Não quero ocupar o tempo do leitor deste livro com minhas memórias afetivas. Os exemplos que mobilizei anteriormente apenas ilustram um fato incontestável: ninguém é indiferente ao Líbano, mesmo quem não o conhece diretamente. Um livro sobre os libaneses pode estreitar a distância entre o leitor e o mundo criado por esses personagens, mas, nesse caso, reconheço os limites do meu texto, já que ainda não posso reproduzir todas as dimensões sensoriais da experiência de se conhecer e viver o Líbano. O sabor de uma amora colhida no quintal da casa de um parente, o som estridente das letras guturais da língua árabe, a vista do Mediterrâneo oriental e a alegria das mãos enganchadas nas danças tradicionais dos casamentos e celebrações somente podem ser sentidos quando vivenciados. Na outra ponta dessa gangorra sentimental estava o medo da guerra, a expectativa da próxima crise familiar, a diáspora e, principalmente, a certeza de que, em muitos casos, essa experiência sensorial de se viver o Líbano não pode ser mais sentida integralmente por milhões de libaneses espalhados pelo mundo.

Por todas essas razões, este não é um texto ufanista, mas uma declaração de amor ao Líbano e aos libaneses, que se mostrará instável nas páginas seguintes, como o verdadeiro amor deve ser. De todas as sensações despertadas pelo amor, a que melhor representa o Líbano e os libaneses é, sem dúvida, a sedução. A escritora árabe Fatema Mernissi (que não é libanesa) chama a atenção para o fato de que a língua árabe possui mais de 40 definições distintas para o amor e, em algumas delas, a "sedução" é o ingrediente semântico fundamental. O próprio sentido de um dos termos em árabe para "sedução" é uma boa metáfora para o Líbano. A palavra *al-fitna* pode significar em contextos distintos: 1) "tentação ou prova enviada por Deus"; 2) "sedução, no sentido de ser atraído pelo charme alheio"; e 3) "sedição, no sentido de dissensão ou guerra civil". As próximas páginas deste livro devem evidenciar como todos os significados dessa palavrinha árabe estão contidos no Líbano e nos libaneses.

Família Sebe no Brasil. Para o imigrante libanês, a família é a instituição que estabelece o vínculo com a terra de origem (primeira geração) e promove a assimilação com a terra que a acolheu (segunda geração).

O comércio urbano no Brasil foi o espaço de atuação de muitos imigrantes libaneses. Desde o século XX, os comércios com nomes árabes são parte da paisagem urbana brasileira, como a "Casa Sebe", em Guaratinguetá-SP.

## MAS... QUEM SÃO OS LIBANESES?

A filosofia é o estudo que analisa os problemas fundamentais da existência humana. De forma resumida, ela pretende responder a grandes questionamentos dos seres humanos, tais como: "quem somos?", "de onde viemos?", "para onde vamos?"... Entretanto, como uma espécie de ciência reflexiva, ela tem negligenciado uma pergunta central para a humanidade: "quem são os libaneses"? As melhores respostas para essa inquietação não são encontradas em manuais acadêmicos sobre o Ser, o Acaso e o Tempo, mas, sim, na ciência de maior domínio dos habitantes do Líbano: o sarcasmo!

12 | Os libaneses

Quando fui instigado a escrever este livro, decidi procurar amigos libaneses para saber o que eles pensavam sobre seus patrícios e, de forma unânime, todas as respostas que recebi foram contaminadas por um tom humorístico que diz muito sobre o Líbano. Até mesmo na internet, encontrei vários textos e blogs que tentam responder a essa pergunta com uma longa lista de afirmações debochadas capazes de estabelecer uma relação carinhosa e hilária com o tema. É com esse espírito que discuto aqui algumas dessas afirmações, a partir do seguinte questionamento: "Quem são os libaneses?"

## O Líbano é uma ponte entre o Oriente Médio e o mundo ocidental

Esqueçam as imagens estereotipadas que mostram o Líbano como um país habitado por homens e mulheres com roupas tradicionais e "étnicas". As camisas de marcas famosas do Ocidente, os penteados ousados que mais parecem esculturas modernistas e as maquiagens pesadas combinam perfeitamente com véus islâmicos e correntes de ouro com pingentes em formato de cruz. Um simples passeio pelas ruas das grandes cidades libanesas revela que o Líbano é uma encruzilhada cultural onde os clichês mais clássicos sobre a relação entre Oriente e Ocidente se dissolvem. O estilo de vida moderno se combina ao respeito a determinados valores tradicionais, mostrando que o argumento de que se vive um confronto inevitável entre civilizações concorrentes pode fazer sentido a alguns historiadores e analistas de Relações Internacionais, mas comprovam que muitos desses estudiosos sequer colocaram seus pés nos países do Oriente Médio, principalmente no Líbano.

É claro que nas aldeias e pequenas cidades do país, a ocidentalização dos costumes enfrenta maior resistência, porém, ao se tomar as grandes cidades libanesas como Beirute, Jbeil, Zahle, entre outras, a rua se transforma em um espaço multicultural. Esse é um dos poucos legados positivos das diversas instabilidades políticas vividas pelo país: todos os tipos sociais são potenciais inimigos da intolerância. Entretanto, o fato de que em Beirute, por exemplo, a apenas cerca de 500 metros de distância, você pode visitar a Mesquita al-Amin, a Catedral Maronita de São Jorge, a Catedral Ortodoxa de São Jorge (sim, são diferentes), a Praça dos Mártires, o Parlamento libanês e a Virgin Megastore faz com que todos sejam obrigados a compartilhar o mesmo espaço físico e cultural.

Contudo, o fato de que estilos de vida distintos convivam nas grandes cidades libanesas não significa que não haja tensões cotidianas entre os membros da sociedade civil local. O Líbano não foge à regra da maioria dos países do mundo, sempre negociando rotineiramente os limites de cada um. O que precisa ser combatido na imagem que se tem dos libaneses é o fetichismo preconceituoso que defende a incompatibilidade entre Oriente e Ocidente, bem como a ingenuidade tacanha que considera o Líbano um país idílico.

## O Líbano é o paraíso da cirurgia plástica

De fato, o Líbano é proporcionalmente o país com o maior número de cirurgias plásticas realizadas por ano, superando rivais históricos como o Brasil e os Estados Unidos. Há quem afirme que isso se deve aos artifícios femininos para conseguir vantagens no disputado mercado de casamentos do país. Trata-se, sobretudo, de um preconceito de gênero sofrido pelas mulheres libanesas. Representadas pela imagem de futilidade e excesso de vaidade, as mulheres locais são sempre associadas a um perfil feminino altamente sexualizado e justificado pelo elevado número de rinoplastias no país. Essa imagem foi construída a partir do crescimento do número de artistas libanesas que se deixaram levar pela transformação de suas figuras em produtos culturais demasiadamente sensualizados da indústria cultural do Oriente Médio. Cantoras como Haifa Wehbe e Nicole Saba ajudam involuntariamente a perpetuação desse estereótipo. Na verdade, o mundo das cirurgias plásticas no Líbano não é composto apenas de intervenções médicas voltadas para a ocidentalização dos traços físicos femininos, mas é marcado também por cirurgias estéticas corretivas que visam restaurar a autoestima de pessoas desfiguradas vitimadas pela violência sofrida nos diversos conflitos e guerras da história recente do país.

A questão se agrava com o aumento do turismo de cirurgia plástica no Líbano. A qualidade técnica de seus cirurgiões favorece a ida de árabes de todo o mundo para o país à procura de correções estéticas. Nesse caso, não se trata apenas de uma prática feminina, já que o número de implantes de cabelo em homens tem aumentado drasticamente, assim como as lipoaspirações, a retirada de bolsas de gorduras nas pálpebras (blefaroplastia) e as aplicações de botox. Ao lado do reconhecimento internacional do alto nível técnico dos profissionais de saúde do Líbano, os preços convidativos das cirurgias alimentam ainda mais o turismo médico. A diferença de câmbio entre o dólar e a libra libanesa permite também que turistas em busca de cirurgia estética optem por se submeter aos tratamentos no Líbano em vez de na França, nos Estados Unidos ou no Brasil.

Não se pode negar que o Líbano tem tirado vantagem da fama de Meca da cirurgia plástica, mas, ainda que essa cultura da imagem seja perceptível no país, a mitológica beleza do povo libanês não deve ser atribuída à obsessão pela ocidentalização de seus traços. A beleza dos libaneses e das libanesas está na luta constante pela emancipação feminina, na pluralidade de sua sociedade civil e no reconhecimento dos erros políticos que marcam sua história contemporânea.

## Quer conhecer um libanês? Pergunte qual é a marca do seu carro

O fascínio dos libaneses pelos automóveis é uma verdade absoluta, principalmente entre a juventude do país, que costuma relacionar os carros ao prestígio social

## 14 | Os libaneses

de seus proprietários. Uma explicação plausível para esse fenômeno encontra-se no fato de que os automóveis representam um conjunto de valores apreciados pelos libaneses, tais como o apreço pela tecnologia, a valorização de signos de prosperidade econômica e a imagem de independência e espírito aventureiro que o carro de luxo esportivo, por exemplo, pode atrelar ao seu dono. Por essas razões, a preferência nacional por modelos como BMW e Mercedes-Benz pode ser facilmente comprovada nas ruas e estradas do país. Um exemplo clássico desse deslumbramento é o gosto dos libaneses por carros como o Hummer, da General Motors. Esse modelo, muito popular nos Estados Unidos, destaca-se por assemelhar-se a um veículo de guerra com estilo esportivo e espírito de aventura. Para um país que viveu quase duas décadas de guerra civil e constantemente sofre intervenções militares estrangeiras, a cobiça libanesa pelo Hummer é quase uma ironia.

Entretanto, faz sentido que um automóvel inspirado em carros de combate seja admirado pelos cidadãos locais. Considerando o modo como os libaneses dirigem, comparar o trânsito das grandes cidades a um cenário de guerra é mais do que legítimo. O Líbano é famoso pelo seu tráfego caótico, motivado pela imprudência de seus motoristas e pela regra máxima da sua norma de trânsito: a lei do mais forte. As setas e os retrovisores são vistos como "opcionais" de fábrica menos úteis que o ar-condicionado.

Se o carro é expressão da personalidade de seu dono, pode-se afirmar que o Líbano é muito bem representado pelo modelo Lykan HyperSport, lançado em 2013 pela W Motors, a primeira empresa automobilística genuinamente libanesa. As ironias em torno do desenvolvimento desse modelo dizem muito sobre o Líbano e os libaneses, já que esse é um veículo superluxuoso, esportivo, de alta performance, e "perfeito" para as vias públicas de um país pouco conhecido pela conservação de suas ruas e estradas. O Lykan HyperSport pode chegar a mais de 380 quilômetros por hora, ainda que o tráfego libanês habitual permita que o condutor desenvolva apenas 10% dessa velocidade. Além disso, a W Motors parece orgulhar-se de um automóvel que atingiu a incrível marca de sete unidades vendidas em 2013, ao preço de sete milhões de dólares (com o título de um dos veículos mais caros do mundo). O grande mérito do Lykan HyperSport para os libaneses: o carro foi a sensação do filme *Velozes e Furiosos 7*. E quando todos comemoravam o sucesso da orgulhosa indústria automobilística libanesa, a sede da W Motors foi transferida para Dubai.

## "Ktir mrattabi": os libaneses têm uma linguagem excêntrica

A maneira como os libaneses se comunicam chama a atenção daqueles que visitam o país pela primeira vez. Ao perguntar a um nativo onde fica um determinado local turístico, a principal coisa que se destaca é que, de imediato, os libaneses não responderão à sua indagação com palavras. Independentemente de a pergunta ter sido feita em árabe, inglês ou em francês, a resposta será dada com um abrupto levantar das sobrancelhas na direção a ser seguida, ou mesmo a testa será usada para indicar a direção correta. Há certa postura teatral e performática no modo como os libaneses falam com estranhos. Ao invés de dizer um simples "não" a uma pergunta, os nativos preferem responder movendo a cabeça para trás e fazendo um som de clique com a língua. O domínio do vocabulário corporal local é uma ferramenta essencial para evitar mal-entendidos. Não se trata de uma forma desrespeitosa ou desinteressada de se comunicar; é apenas o modo mais direto de rebater a questão.

Quando o diálogo é estabelecido entre pessoas com algum grau de intimidade, outra curiosidade sobre a maneira como os libaneses se comunicam é o fato de que a mesma frase pode ter palavras de idiomas diferentes. Não é incomum que um libanês comece uma conversa dizendo: *"Hi, Kifak, Ça va?"*. Os maronitas provavelmente usarão *"Bonjour"* para cumprimentar alguém, enquanto os muçulmanos farão o mesmo com o seu clássico *"Assalamu aleikum"*. Um simples café pode se transformar na mais nova reunião da Assembleia Geral da ONU. Nesse caso, o uso de expressões em certos idiomas é uma marca de identidade étnica que precisa ser respeitada pelos estrangeiros que visitam o país. Recordo o assombro de uma amiga de origem síria que destacava o fato de que os libaneses maronitas, para marcarem sua vinculação cultural com o Ocidente, falavam "panana" ao se referirem à fruta "banana", destacando a forma como muitas línguas ocidentais nomeiam esse produto. A troca da letra "b" pelo "p" reforça simbolicamente o vínculo dos maronitas com a cultura ocidental, já que a língua árabe não possui a letra "p" em seu alfabeto, e usá-la aleatoriamente é diferenciar-se do arabismo cultural vinculado aos muçulmanos, que simplesmente utilizam a palavra árabe *"mooz"* para se referirem à banana.

Isso não significa que o árabe tenha perdido sua força entre os cristãos libaneses. A língua franca do Líbano continua sendo a variável local do árabe, o que cria certa unidade cultural entre os distintos grupos confessionais do país. Seja cristão, muçulmano ou de qualquer origem histórica, você vai ouvir diariamente palavras como *"yala"* (vamos), *"chouf"* (olha) e *"khara"* (merda) de qualquer libanês. No final, parte do charme comunicativo dos libaneses está no fato de que todos tentam mostrar que são bilíngues ou trilíngues, sem saber falar nenhum desses idiomas corretamente.

## A vida de um libanês depende de duas figuras: sua mãe e o mukhtar

Durante o governo dos mamelucos (ver capítulo "Turco é a mãe! As raízes do Líbano") no Líbano, as aldeias eram administradas por uma pessoa de confiança dos cidadãos. Ao longo do tempo, essa posição evoluiu para a condição de "chefe da aldeia" (xeque al-qaryah) e depois para mukhtar, título que é usado ainda hoje. O mukhtar é atualmente eleito por meio de um sufrágio universal direto pelos eleitores de cada bairro ou aldeia para um mandato de 6 anos, que corre paralelamente às eleições municipais. De acordo com a lei de 27 de novembro de 1947 (art. 22), o mukhtar dirige o conselho local e representa seu eleitorado em questões políticas a serem resolvidas e negociadas com as autoridades. Um libanês não tem acesso aos seus documentos pessoais sem a intermediação do mukhtar, seja ele cristão ou muçulmano. Os mukhtares eleitos desfrutam de vários poderes e cargos no que diz respeito a administração, segurança pública, registro civil, gestão da água, agricultura, saúde pública e questões artísticas. Eles também representam todas as esferas administrativas do Estado perante os cidadãos da aldeia/vila. Na realidade, os mukhtares só exercem uma pequena proporção dessas responsabilidades, delegando certas práticas administrativas a autoridades centrais, como a do governador (muhafez), administrador de distrito (qa'imaqam) ou dos municípios. Desse modo, o acesso dos libaneses a direitos civis básicos está condicionado à boa relação de sua família com o mukhtar de sua área.

Do ponto de vista cultural, outra autoridade incontestável que controla a vida de um cidadão libanês é a sua mãe, ainda que a lei libanesa de cidadania só garanta a nacionalidade aos que descendem de um ancestral libanês masculino. Muitas mulheres locais, no entanto, estão se manifestando e organizando movimentos que pretendem o fim dessa discriminação legal de gênero. Isso mostra como as autoridades libanesas subestimam o poder dessas senhoras incríveis que defendem seu papel na sociedade com força e legitimidade. Entretanto, quem realmente sabe quais as consequências de se contrariar uma "mama" são os seus filhos. Não se trata aqui de reproduzir caricaturas sobre essas figuras encantadoras, mas não há dúvidas de que, se elas assumissem o controle do país, o Líbano destruiria os exércitos norte-americano, russo e chinês juntos com três armas fatais: comida, choro e opiniões fortes. Esses atributos são facilmente encontrados em outras mães clássicas, como as italianas e as judias, mas somente a libanesa pode transformar um quibe em uma granada de mão, uma chuva em um ataque de gás mostarda, ou a namorada do seu filho em uma agente do serviço secreto israelense.

## O calendário libanês é dividido pelas siglas a.C. e d.C. (antes do Casamento e depois do Casamento)

Tente viajar para o Líbano no verão sem ser engolido pelo tema do casamento. Um congestionamento causado por uma comitiva de noivos e convidados, um convite inesperado para as bodas de alguém que você nem conhece, ou mesmo a exposição às constantes perguntas das senhoras mais velhas da família: "veio para o Líbano para casar?" ou "está procurando uma noiva?" são inevitáveis aos que visitam o país. Seja de qualquer grupo confessional, mas principalmente entre os muçulmanos, o verão é a temporada de caça ao par perfeito. Essa é uma das tradições mais resistentes no Líbano moderno, principalmente ao se considerar que o país não possui regras formais para o casamento civil (ver capítulo "Olha o quibe! Problemas atuais e desafios"), o que faz com que o casamento intracomunitário envolva não apenas a felicidade dos noivos, mas a segurança social das famílias.

As normas tradicionais de casamento são baseadas em princípios de linhagem, favorecendo, além da união intracomunitária, os matrimônios entre primos ou parentes próximos. Em uma sociedade extremamente conservadora como a libanesa, esse tipo de casamento garante certa segurança às mulheres por condicioná-las a viver entre pessoas com as quais elas foram criadas, além de manter a herança das propriedades na mesma família pelas gerações futuras.

As regras gerais de casamento são determinadas pela origem confessional dos noivos, já que no Líbano cada comunidade confessional aplica suas próprias normas legais aos seus adeptos. Nesse caso, para quem não está acostumado com os múltiplos padrões de um Estado pluriconfessional como o Líbano, parece curioso que certas regras sejam reconhecidas e legalmente aceitas em determinados grupos dentro do país, e ao mesmo tempo sejam proibidas em outros. Esse é o caso da poligamia, que pode ser tolerada entre muçulmanos, mas é considerada ilegal entre cristãos.

Portanto, o casamento tradicional no Líbano é mais um ritual de passagem da infância social para a vida adulta do que a expressão romantizada do amor. O indivíduo que se casa, seja ele homem ou mulher, renasce socialmente por meio de um cerimonial complexo que envolve demonstrações públicas de prosperidade econômica e social como festas suntuosas, perspectiva rápida de ter filhos e *status* comunitário. É por essa razão que todos são convidados aos casamentos libaneses, já que é preciso um grande número de pessoas para testemunhar o êxito de um projeto que não pertence somente aos noivos.

Porém, os casamentos fora do padrão tradicional vêm crescendo nas grandes cidades libanesas. Muitos jovens se recusam a reproduzir os valores antigos considerados incompatíveis com as demandas individuais dos cidadãos modernos. De todo modo, independentemente da visão conservadora ou libertária dos jovens libaneses, o casamento segue como uma espécie de obsessão nacional.

## 18 | Os libaneses

## A família libanesa: se murar vira hospício... se cobrir com lona vira circo!

Antes do umbigo, o centro de sustentação de um libanês é a sua família. Não se trata apenas de pai, mãe e irmãos (o que já daria um número significativo de pessoas), mas de todas as 150 criaturas que vão lhe esperar no aeroporto com cartazes, flores e potes de plásticos com porções da comida libanesa de que você mais gosta. O mundo inteiro se divide em dois tipos de pessoas, os parentes e os amigos da família, e toda a vez que você chega em casa, seus pais lhe apresentam um familiar desconhecido que resolveu fazer uma visita depois de 25 anos.

Essa gente louca, desprovida de superego quando reunida, é responsável pelos melhores momentos e pelas mais constrangedoras situações vividas por um libanês. Além dos pais e irmãos, os personagens que compõem essa máfia picaresca são: o tio que ensina os palavrões mais grosseiros; a tia hiperbólica que ri como um rinoceronte histérico; a avó que sempre distribui para os netos uma nota de dinheiro de valor mais baixo e diz para não gastarem tudo de uma só vez; o avô que vai dar a primeira bicicleta ao neto que ainda não aprendeu a andar; e a coleção de primos que equivale à população de um cidade de médio porte.

Casamentos, funerais e celebrações religiosas são os momentos ideais para que brigas e reconciliações aconteçam no melhor estilo *Game of Thrones*, o que reforça a impressão de que apenas uma linha tênue separa o amor e o ódio entre parentes libaneses. Para ilustrar essa maneira tão polarizada de construir relações sociais entre os libaneses, quero compartilhar um dos melhores relatos da minha família (ainda que alguns parentes me matem no próximo encontro social por revelar essa história). Certo dia, minhas tias-avós descobriram que uma delas estava sendo traída pelo marido. Três delas se reuniram de madrugada e saíram pelas ruas de Guaratinguetá em busca da amante. Sem que nenhum dos homens do clã percebesse, roubaram a Kombi que servia à loja de tecidos da família e foram à caça da concubina. Como se tratava de uma moça de "hábitos noturnos", cercaram-na em uma viela escura da cidade, e enquanto duas das irmãs seguravam-na, a terceira levantou-lhe o vestido, abaixou-lhe a roupa íntima e passou pimenta na vagina da amante.

Pode ser que essa peripécia nunca tenha acontecido de fato, mas segue reproduzida deliciosamente no imaginário da minha família até hoje porque, conhecendo bem as figuras "vingadoras", o relato é mais do que crível. Anos depois, essas senhoras libanesas, que foram capazes de participar ativamente de um ato tão extremo de lealdade à honra de um parente, envolveram-se em uma disputa por herança que dividiu toda aquela geração da família, e algumas dessas personagens da história nunca mais voltaram a se falar.

## O humor libanês: a resposta para todos os males

O humor libanês é algo que se faz presente no cotidiano dessa população de diferentes formas. A análise dos problemas que invadem a vida dos libaneses e o cotidiano do Líbano por meio da sátira é um modo característico de se responder aos dilemas políticos, sociais, econômicos e religiosos que afligem o país. Não significa que todo libanês é uma espécie de bonachão e que o bom humor é uma marca inerente aos cidadãos do Líbano, mas, sabendo dos transtornos constantes que marcam a história libanesa, chama a atenção o fato de que nada nem ninguém escapam à forma ácida e debochada com que os habitantes do Líbano olham para o mundo e para si mesmos. Por isso, ao interagir nas ruas do país com nativos, em algum momento o forasteiro terá contato com um repertório de piadas e de comentários sarcásticos que suavizam os problemas locais ou tornam a vida algo mais leve.

Os alvos prediletos do humor libanês são sempre aqueles considerados seus algozes, sejam eles os sírios, os chamados *khaleejis* (árabes oriundos dos países do Golfo Pérsico) ou os israelenses, além de personagens próprios do universo cultural libanês, como políticos, religiosos e autoridades variadas. Além disso, a incidência de piadas ácidas pode ser uma norma ou obrigação social em espaços de interação como encontros informais para uma xícara de café, em *sahrats* (noites de confraternização), em restaurantes e bares, ou nas conversas em torno de um *arguile*. O costume de rir da vida é uma velha tradição levada a sério em contos tradicionais, nas falas de contadores de histórias (*hakawatis*) e mesmo nas celebrações civis e religiosas.

As mídias também não escapam ao estilo bem-humorado dos libaneses. Para se ter uma ideia, o programa de TV há mais tempo em exibição contínua no país é o *Basmat Watan*, uma espécie de *sitcom* com forte teor crítico, e que não poupa nenhuma figura pública do cenário político libanês. No ar desde 1995, o nome do programa já chama a atenção do público por ser um tipo de "duplo sentido" em árabe libanês, já que *Basmat Watan* pode significar algo como "riso da nação" ou "morte da nação", o que por si só é uma boa representação da situação política do país. A mídia de humor é uma velha tradição no Líbano, que remonta às primeiras publicações editoriais locais, como a revista cômica *Baladna Himarat* (Os burros da nossa terra), de 1910.

Podem-se dar inúmeros exemplos de piadas e afirmações satíricas que povoam as ruas do Líbano, mas, ao invés de simplesmente reproduzi-las, há que se experimentar a picardia libanesa ao vivo, pois, não se engane: seja em seu próprio país ou na diáspora, os libaneses e seus descendentes farão troças de si mesmo, de seus inimigos e principalmente de seus convidados. Aproveite!

## No Líbano, tudo é política

Quem vê os libaneses exibindo suas roupas caras, automóveis e relógios pelas ruas das cidades pode imaginar que, especialmente a juventude local, são alienados politicamente. Mesmo que um cidadão libanês se esforçasse para não se relacionar com alguma forma de política, essa tarefa seria um fracasso, já que no Líbano ações banais como escolher o cantor ou a cantora preferidos, acompanhar a liga de basquete nacional ou ver televisão são marcadas por um entendimento peculiar sobre o que é a política. Nesse caso, esqueçam Maquiavel, Hobbes, Marx, Weber ou qualquer formulador de uma teoria clássica sobre a arte de governar. No Líbano, a política é algo tão sério que é perigoso demais deixá-la apenas nas mãos de presidentes, primeiros-ministros e parlamentares.

Por considerar que a democracia é a escolha de um líder político por sufrágio universal, melhor que confiar tal tarefa apenas ao confuso sistema eleitoral do país, coube aos libaneses a brilhante ideia de criar um *reality show* na TV para escolher o melhor político independente entre 15 candidatos ao cargo de deputado pretensamente desconhecidos. Trata-se do programa *al-Zaim* (o líder), da rede de televisão libanesa al-Jadeed, que ao final prometia ao vencedor escolhido pelo público o financiamento de sua campanha.

Essa mistura de política e cultura pop contou com a participação de figuras públicas proeminentes do país, como o então presidente da República Michel Sleiman, ao mesmo tempo que o público acompanhava as gincanas que exigiam dos participantes tomadas de decisões sobre temas polêmicos e bom desempenho em debates. A grande final do programa foi disputada entre dois candidatos bem distintos: Maya Terro, uma jovem libanesa de 27 anos que se destacava como uma voz crítica ao sectarismo da velha política do Líbano, e Nicolas Harouni, um candidato mais próximo do eleitorado tradicional por relacionar sua trajetória política à Guerra Civil que marcou o país até 1990. Ao final, venceu Maya Terro.

É claro que o caso do programa *al-Zaim* deve ser tomado como um exemplo caricato do modo singular de se fazer política no Líbano. Em um país em que a maioria dos canais de televisão está ligada a partidos políticos, o público dos artistas é determinado por questões sectárias e a política se faz muito mais no cotidiano de cada cidadão do que na crença no projeto de um partido, não há problema algum no fato de que a forma independente de se fazer política seja por meio de um *reality show* que combina com as camisas de marca e os relógios de pulso de quem sabe que ser "político" é ser popular e chique.

## Afinal, o Líbano e os libaneses são...

Em linhas gerais, o Líbano é um país formado por pessoas tradicionalmente vistas como amistosas e hospitaleiras, acostumadas a viver intensamente. Seu grande número de restaurantes, bares e casas noturnas revela o estilo de um povo que não se deixa abater pela instabilidade que constantemente assola o país. As consequências dessa combinação inusitada entre costumes tradicionais e vida moderna fazem com que, de forma distinta de outras nações do Oriente Médio, o Líbano seja um território seguro para pessoas que não se incomodam com opiniões diferentes. Às vezes, essas posições distintas se chocam, como em qualquer sociedade civil no mundo, mas, mesmo que a guerra ou qualquer expressão da intolerância humana se espalhe pelo país, chega o tempo de se deixar as divergências de lado e de se construir um caminho sólido para o diálogo.

As próximas páginas deste livro serão compostas pela descrição de fatos e situações que, além de serem expressões dos momentos de choque das diferentes posições dos libaneses sobre o mundo e si mesmos, são também testemunhas dos esforços de paz promovidos por um povo que simplesmente passa pela vida driblando todo tipo de adversidade. Os libaneses não são heróis nem vilões do mundo e de seu próprio destino, mas, sim, os mais doces personagens de uma história da humanidade que não esconde o melhor e o pior de todos nós.

A partir de agora, logo após este primeiro capítulo introdutório, a leitura levará a todos a três momentos distintos da história libanesa: da Antiguidade fenícia à Idade Média dos cruzados (próximo capítulo); do fim do Império Bizantino à chegada dos franceses no início do século XX (capítulo "Turco é a mãe! As raízes do Líbano"); da independência ao século XXI ("Champanhe em barril de cedro: o Líbano contemporâneo"). Em seguida, os enigmas da geografia do Líbano mostrarão que o "país dos cedros" possui uma complexa estrutura natural que vem se transformando em um grande desafio político (capítulo: "A geografia da algazarra"). As práticas rotineiras de sociabilidade serão discutidas, com destaque para a gastronomia, o consumo específico do tabaco e a linguagem interdita local (capítulo: "Comer, fumar, xingar: a cultura libanesa"). Os problemas atuais que envolvem o cotidiano dos libaneses serão discutidos na sequência, com ênfase nas questões internas, entre Estado e sociedade civil, bem como na relação com os países vizinhos (capítulo: "Olha o quibe! Problemas atuais e desafios"). Após esse panorama, o espinhoso tema das populações fragilizadas no Líbano será apresentado, destacando as questões ligadas aos jovens, às mulheres libanesas e ao grande contingente de refugiados, principalmente palestinos e sírios no país (capítulo "Ser ou não ser libanês, eis a questão da população vulnerável!"). Para além das questões polêmicas, o Líbano também será aqui apresentado pelo seu legado cultural, a partir das notáveis contribuições de seu cinema, sua música e sua literatura (capítulo "Aquarela libanesa: as artes no Líbano"). E, por fim, como libaneses e brasileiros estão intimamente relacionados não apenas pela experiência da diáspora, mas pela integração e pelos dissabores do fluxo cultural que conecta ambos os países até hoje (capítulo "Líbano e Brasil: a lógica da esfiha de frango").

A viagem para o lado mais apaixonante do Oriente Médio começa agora... *Ahlan wa Sahlan...* (Sejam bem-vindos).

# QUEM PRECISA DE ASTERIX? O LÍBANO HISTÓRICO

## FENÍCIA: O COMÉRCIO COMO HERANÇA CULTURAL

A história do Líbano tem sido contada por diversos estudiosos, jornalistas, poetas e até mesmo por artistas, cada um com sua visão, mas todos impressionados com a densidade dos problemas políticos e conflitos étnicos que podem caber em um dos menores países do mundo. O mais curioso dessas versões é que elas começam, quase sempre, nos primórdios da humanidade, ao destacarem que o "Líbano histórico" é o berço de inúmeras civilizações. Há certo exagero de alguns desses autores, e até mesmo de muitos libaneses que conheço, em encontrar o Líbano em tudo o que veem. Isso não é uma apologia cega à grandiosidade da nação libanesa, mas, sim, um sentimento de amor profundo pela terra em que nasceram, ou pela terra de seus ancestrais. Quanto mais apaixonada é a narrativa sobre a "terrinha", mais remota é a origem desse povo nos relatos de seus amados filhos.

Entretanto, é verdade que a História do Líbano não pode começar pela imagem que se construiu do Líbano atual, que nas páginas dos cadernos de política internacional dos grandes jornais brasileiros se compõe por meio de um vocabulário formado por palavras estranhas ao cotidiano do público brasileiro como "Hezbollah", "Guerra Civil" e "sectarismo". O passado libanês é o patrimônio maior do seu povo, e já que muitos deles reivindicam para si certo encantamento pelos fenícios, que habitaram as terras libanesas na Antiguidade, cabe aqui respeitar essa escolha feita mais com o coração do que com a razão.

A primeira referência aos fenícios na cultura brasileira contemporânea está ligada a um conjunto de histórias em quadrinhos francesas de grande sucesso no mundo todo intitulado *Asterix*. Trata-se das aventuras de um simpático e astuto guerreiro gaulês que apresenta às crianças diversos povos e civilizações do mundo antigo a partir das heroicas missões de seu personagem principal. Ao lado de seu grande amigo, Obelix, e de muitos outros personagens, o gaulês Asterix luta contra o ímpeto dominador dos romanos e de seus aliados.

24 | Os libaneses

Ao longo das viagens de Asterix, especialmente em *Asterix Gladiador*, surge um personagem gorducho e atrapalhado apresentado como um mercador fenício. Na versão francesa original, seu nome é Epidemaïs (em português, Epidemicus), e esse personagem protagoniza uma das cenas mais interessantes da história. Dono de um navio mercante que circula pelo mundo antigo atrás de um bom negócio, Epidemicus explora os remadores em favor de seu benefício econômico, mas ardilosamente camufla sua escravidão chamando-a de "sociedade" e "parceria". De modo jocoso, os roteiristas de *Asterix* transformaram a passagem do mercador fenício em uma crítica ao atual sistema capitalista. A escolha do personagem não poderia ser mais exitosa. Os fenícios são reconhecidos como os fundadores de uma civilização antiga baseada no comércio marítimo e na formação de cidades-Estados que se desenvolveram por meio dessa atividade.

A história em quadrinhos *Asterix* é apenas uma representação artística que traduz a Antiguidade para um público amplo não familiarizado com o trabalho dos historiadores. Se franceses e leitores em geral de *Asterix* pelo mundo inteiro têm as aventuras do pequeno gaulês como a fábula preferida para conhecer a história do mundo antigo, os libaneses também podem construir seu próprio imaginário sobre o que são e o que foram.

Desse modo, se é em um passado remoto, quando se deve começar a descrição histórica das terras e dos povos que habitam o atual território do Líbano, quem melhor fazia esse papel não era Asterix, mas, sim, os personagens e símbolos mitológicos, desenvolvidos, sobretudo, no período da História Antiga e dos primórdios das civilizações. Por isso, o começo da história do Líbano e dos libaneses pode ser contado por meio de uma famosa narrativa mitológica de amor. Como um saboroso folhetim repleto de tensões com paixões proibidas, crimes, luxúria e segredos, as raízes míticas da terra que hoje abriga o Líbano podem ser localizadas no chamado "rapto de Europa".

De acordo com a mitologia grega, havia um reino da Fenícia (atual litoral libanês) chamado Tiro (conhecido hoje em dia como Sur) que era governado pelo rei Agenor. Além de sua esposa, Teléfassa, a família do rei fenício contava com seus quatro filhos: Cadmo, Fênix, Cílix, além da jovem e bela Europa. Ao colocar os olhos sobre Europa, Zeus, considerado o pai de todos os deuses e dos homens, apaixonou-se por ela, ignorando os sentimentos de Hera, sua esposa ciumenta. O desejo de possuir Europa era tão forte que Zeus decidiu preparar uma armadilha para raptar a jovem. Um belo dia, quando Europa confraternizava com suas amigas em uma praia da Fenícia perto de um rebanho de touros, Zeus desceu do céu como uma nuvem e se transformou em um touro branco, misturando-se aos demais. Fascinada com a beleza e o vigor do animal, Europa aproximou-se e começou a brincar com ele, enquanto suas amigas afastaram-se em direção ao mar para se refrescarem. Nesse momento, Europa decidiu

*O rapto de Europa, Peter Paul Rubens, c. 1628-9*

Uma das raízes míticas da cultura ocidental está vinculada à história do rapto de Europa, filha do rei Agenor, por Zeus travestido de touro. O deus grego acabaria se casando com a princesa na ilha de Creta.

montar o touro para dar um passeio pelas areias da praia, e suas amigas, encantadas com a nova brincadeira de Europa, interromperam seu banho de mar para também passearem sobre o lombo do lindo touro branco.

Mas o receio de que sua amada saísse de perto de si fez com que Zeus, em forma de touro, fugisse com a jovem em direção ao mar. Europa, então, começou a gritar pedindo socorro, temendo que tanto ela quanto o animal morressem afogados. O touro, com uma agilidade sobrenatural, cruzou as ondas do mar e afastou-se com rapidez da costa da Fenícia, carregando Europa. Mesmo tendo clamado pela proteção de Netuno, o deus dos mares, a princesa fenícia continuou sob o domínio total do touro que, com destreza cada vez maior, avançava pelo mar Mediterrâneo, afastando-se da costa fenícia. Ao constatar o pânico que tomava conta de Europa,

Zeus, ainda sob a forma de touro, decide acalmá-la, conversando com a jovem e explicando suas intenções de se casar com ela na ilha de Creta. Então, ambos continuaram a viagem até que, ao chegar às areias de uma praia cretense, o touro transformou-se novamente em Zeus e conduziu Europa para o interior da ilha, onde a união foi definitivamente consumada.

Depois do sequestro de sua bela filha, o rei fenício Agenor enviou seus três outros filhos à procura de Europa, mas nenhum deles conseguiu trazê-la de volta. Entretanto, cada irmão tratou de expandir a influência do reino fenício ao estabelecer novas cidades pelos caminhos percorridos. Cadmo, por exemplo, viajou para a Trácia e posteriormente fundou a cidade de Tebas. Já Fênix teria sido o fundador de outros reinos na própria Fenícia e, por fim, Cílix se estabeleceu na Cilícia, mais precisamente na costa sul da Ásia Menor.

O mito de Europa é um modo curioso de se explicar a diáspora dos fenícios ao longo do mar Mediterrâneo na Antiguidade. Os fenícios, entendidos aqui como os habitantes antigos das terras que atualmente pertencem ao Líbano, formaram uma civilização composta por diversas cidades-Estados independentes naquela época. De início, eles se desenvolveram em torno da costa leste do Mediterrâneo, principalmente nas áreas dos atuais Líbano, Síria e Israel. Essa condição geográfica das cidades fenícias permitiu o crescimento de suas fronteiras pela junção de duas atividades cotidianas fundamentais para esse povo: a navegação e o comércio.

As cidades-Estados da Fenícia começaram a se organizar por volta de 3000 a.C., e em seguida transformaram-se em um dos principais polos comerciais do mundo antigo. Entre as cidades fenícias economicamente mais prósperas estavam Tiro e Sidon, ambas notórias por atividades especializadas como a fabricação de vidro, de embarcações, o transporte de mercadorias de outras regiões – entre elas, o ébano do Sudão e o cobre do Chipre – e, principalmente, a produção de corantes para tecidos. A venda desses corantes era tão difundida entre os fenícios que os demais povos que se beneficiavam da comercialização desse produto identificaram os habitantes da Fenícia a partir dessa atividade. Não há consenso sobre essa questão entre os historiadores, mas muitos acreditam que o nome "Fenícia" vem do grego *phoenikus*, que pode ser traduzido por "púrpura". Isso porque o corante púrpura usado em tecidos na Antiguidade era um produto dominado e comercializado pelos habitantes dessa região, que retiravam a famosa tintura "púrpura de Tiro" por meio de técnicas artesanais de produção da tinta conseguida a partir da decomposição de caramujos marinhos. O comércio, portanto, foi o primeiro legado civilizacional dos povos que habitavam as terras libanesas na Antiguidade; como consequência dessa prática, os fenícios produziram outras importantes ferramentas culturais que influenciam a humanidade até hoje. Em linhas gerais, este texto não pretende apresentar uma narrativa heroica, gloriosa e ufanista dos libaneses na história, mas, sim, destacar como ao longo do tempo essa pequena parte do mundo deixou marcas importantes para todos, além da esfiha, do quibe e das festinhas animadas de Gemmayzeh.[1]

Ao lado do comércio, surgem também na região da cidade-Estado de Biblos os primeiros documentos escritos com representações alfabéticas. Alguns autores chegam a citar esses registros grafados, tais como a escrita do ceramista Abdo, entre os séculos XVIII e XVII a.C.; a inscrição do rei de Biblos Schafetbaal, do século XVI a.C.; a espátula de Asdrúbal, datada entre os séculos XV e XIV a.C.; além de outros vestígios arqueológicos. Do ponto de vista histórico, outras formas de escrita já tinham sido utilizadas pelos povos da Antiguidade, como os hieróglifos egípcios e a escrita cuneiforme mesopotâmica. Entretanto, essas formas de grafia eram difíceis de ser popularizadas à época porque compunham-se de desenhos ou pictogramas cuja interpretação era monopolizada por membros específicos da sociedade antiga como os escribas. A grande contribuição do alfabeto fenício foi criar uma representação simbólica dos sons de cada consoante, alterando a lógica de produção do conhecimento e popularizando o domínio sobre a comunicação escrita.

O alfabeto fenício de Biblos era composto originalmente de 22 símbolos fonéticos e permitiu que os homens pudessem desenvolver uma nova forma de pensamento baseado em procedimentos de materialização de noções abstratas, como os sons de cada fonema. Esse novo horizonte cognitivo conferiu maior dinamismo às práticas comerciais e marítimas que já transformavam os fenícios em exímios povoadores do mundo mediterrâneo. Se gregos são reconhecidos pelo seu legado intelectual e filosófico como difusores das bases culturais do Ocidente e aos romanos é imputada a expansão civilizacional pela força de seu exército, os fenícios antecederam todas essas heranças históricas por meio da comunhão entre expansão marítima, formação de colônias no Mediterrâneo e a invenção dessa forma importantíssima de comunicação da humanidade.

Existem relatos de autores da Antiguidade que asseguram a chegada dos fenícios em outros mares além do Mediterrâneo, como o oceano Atlântico e o Índico. O principal deles, o historiador grego Heródoto, sugere inclusive que os fenícios teriam circum-navegado o continente africano dentro das possibilidades técnicas náuticas daquele período. Independentemente das comprovações históricas e da veracidade dessas afirmações, o conjunto de cidades erguidas pelos fenícios em diversos continentes é impressionante. Ao se dividir essas colônias por regiões, o panorama da expansão fenícia fica mais evidente:

| Região atual | Antiga cidade/colônia fenícia |
|---|---|
| Argélia | Tipaza |
| Chipre | Kition |
| Espanha | Abdera, Almuñécar, Barcelona, Baria, Cádiz, Cartagena, Huelva, Ibiza, La Fonteta, Lebrija, Lixus, Málaga, San Roque, Tarragona, Trayamar |
| França | Marselha |
| Israel-Palestina | Acre, Ashkelon |
| Itália | Cagliari, Genova, Lilybaeum, Motya, Nora, Olbia, Palermo, Soluntum, Sulcis, Tharros |
| Líbano | Amia, Ampia, Arqa, Baalbek, Beirute, Biblos, Botrys, Sarepta, Sidon, Sur, Trípoli |
| Líbia | Leptis Magna, Oia, Sabratha |
| Malta | Burmula, Mdina, Rabat |
| Marrocos | Lixus, Mogador, Tânger |
| Síria | Arvad, Latakia, Ugarit |
| Tunísia | Cartago, Hadrumetum, Hippo Diarrhytus, Kerkouane, Leptis Parva, Thapsus, Utica, Zama Regia |
| Turquia | Finike, Karatepe, Myriandrus, Sam'al |

A expansão das colônias fenícias pelo Mediterrâneo foi tão espantosa que alimentou no mundo contemporâneo a crença de que o desenvolvimento náutico dos fenícios teria permitido a chegada de alguns de seus navios às Américas, reforçando e aprofundando a hipótese "herodotiana" de que o Atlântico fora explorado pelos viajantes da Antiguidade. De acordo com alguns defensores dessa teoria, os fenícios e até mesmo outros povos dessa mesma época teriam desembarcado na costa americana, estabelecendo contato com os povos nativos do período pré-colombiano.

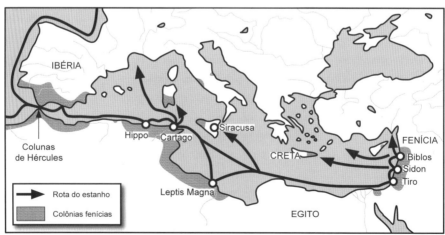

Atuação fenícia na região do mar Mediterrâneo.

Muitos historiadores passaram a buscar comprovações arqueológicas dessa teoria nos últimos 150 anos, e os fenícios são o povo antigo mais atrelado a essas especulações. No Brasil, por exemplo, construíram-se pelo menos duas conjecturas sobre a vinda dos fenícios a partir de supostos vestígios arqueológicos. A primeira delas é uma inscrição supostamente fenícia encontrada na Pedra da Gávea, no Rio de Janeiro. De acordo com o padre Emile Eddé, a publicação "Relatório sobre a inscripção da Gavia", presente no volume 1 da *Revista do Instituto Histórico e Geográfico do Brasil*, de 1839, foi o primeiro relato a dar notoriedade a uma inscrição fenícia em um dos morros do litoral carioca. Alguns pesquisadores apresentaram traduções dessa inscrição argumentando ter conseguido decifrar o alfabeto fenício contido na referida mensagem. Alguns chegaram a afirmar que a Pedra da Gávea apresenta menção a Badezir, filho primogênito do rei fenício Jethabaal, mas, como teria sido o único vestígio da passagem de povos da Antiguidade pelo Brasil, a Pedra da Gávea não convenceu a comunidade científica quanto à sua autenticidade.

Outra controvertida tentativa de comprovação arqueológica da viagem fenícia à América foi a inscrição supostamente encontrada na Paraíba por volta de 1870. A "descoberta" desse registro foi comunicada ao Instituto Histórico e Geográfico do

No século XIX, pesquisadores afirmaram que haveria inscrições do alfabeto fenício na Pedra da Gávea, no Rio de Janeiro. Isso significaria que aquele povo teria vindo às Américas muito antes de Colombo. Essa tese nunca foi comprovada.

30 | Os libaneses

Brasil, que prontamente encaminhou uma cópia da inscrição ao Museu Nacional. Após a análise positiva do diretor desse museu à época, Ladislau de Souza Mello Netto, houve certa empolgação sobre o que poderia ser um dos achados arqueológicos mais impressionantes daquele momento. Porém, rapidamente foi revelado que, apesar dos pareceres favoráveis, a inscrição fenícia da Paraíba era apenas uma brincadeira de péssimo gosto. A ideia de se comprovar a chegada dos fenícios às terras americanas era uma maneira de inserir o Brasil no legado cultural do Ocidente, ao lado de Grécia, Roma e de toda a Europa Ocidental considerada o berço e a glória da história da humanidade.

Como se não bastasse o rapto de Europa por Zeus, só faltava os fenícios terem mais uma de suas filhas sequestradas, agora por Tupã, e levada para algum lugar entre o litoral da Paraíba e a Barra da Tijuca!

## UMA TERRA, MIL SENHORES: A REGIÃO DO LÍBANO ATÉ A IDADE MÉDIA

A guerra, que tanto marcou o alargamento das fronteiras dos impérios na Antiguidade, não foi a marca das cidades-Estados da Fenícia. Até a Idade Média, as principais cidades e colônias construídas pelos fenícios foram subjugadas por outros povos que se expandiram em direção ao Mediterrâneo. O domínio estrangeiro das terras sob influência fenícia não anulou o legado cultural e econômico da talassocracia[2] desenvolvida por cidades como Sidon, Tiro e Biblos, mas levou os reis e as elites governantes fenícias a negociarem condições de subalternidade em relação aos impérios conquistadores.

Um dos primeiros poderes político-militares a promoverem a dominação de centros urbanos fenícios foi o Império Assírio, que atuou entre os séculos X e VI a.C. Ainda que a Fenícia não tivesse grandes exércitos que permitissem a resistência às invasões dos impérios vizinhos em crescimento, suas cidades-Estados conseguiram conservar certo grau de autonomia por meio do pagamento de tributos ao império invasor. Pode-se dizer que a cobrança sistemática dessas taxas criou entre os fenícios a necessidade de se debruçarem ainda mais sobre a exploração marítima e comercial do Mediterrâneo, gerando mais riqueza para a manutenção de sua sociedade e da relação de subordinação negociada por meio dos pagamentos citados. Assim, ao contrário de outras regiões do Mediterrâneo oriental como a Judeia, que foi diretamente incorporada ao Império Assírio, as cidades-Estados da Fenícia se resguardavam da dominação direta comprando sua proteção com recursos do comércio marítimo.

Essa estratégia de subordinação negociada perdurou para além do fim do Império Assírio, quando o Império Babilônico,[3] liderado pelos caldeus, derrubou o último rei da Assíria, Assurbanipal, no século VI a.C. Apesar de poderoso, o novo império possuía um esplendor que coincide com o governo de Nabucodonosor, conhecido por transformar a Babilônia em um dos mais famosos centros culturais do Oriente Médio antigo às custas da dominação de outras civilizações, como a exploração econômica dos fenícios e a captura e escravização dos hebreus. Após o governo de Nabucodonosor, o Império Babilônico conheceu uma decadência paulatina até ser invadido e conquistado pelo Império Persa, sob a dinastia Aquemênida de Ciro II, no século V a.C.

A vinda dos persas para o Mediterrâneo oriental foi positiva para o desenvolvimento das atividades marítimas dos fenícios. O Império Persa soube construir melhores relações com os fenícios em troca de apoio para sua expansão em direção à Grécia, já que para isso os persas precisavam dos conhecimentos e da frota marítima desenvolvidos pelas cidades-Estados da Fenícia ao longo do tempo. Desse modo, Ciro II usufruiu da condição de ser uma espécie de libertador dos povos dominados pelos babilônios, e com isso aproximou-se das elites locais como nos casos dos nobres fenícios. Essa política de aproximação com os líderes de cada região permitiu que Ciro II ampliasse significativamente as fronteiras do Império Persa, conservando o legado cultural dos povos que eram incorporados ao seu projeto expansionista. Para as cidades-Estados da Fenícia, o jugo persa garantiu não apenas a sobrevivência de seu patrimônio cultural, mas também permitiu que as contribuições de sua civilização fossem levadas para outros rincões do Império Persa, espalhando a influência cultural dos fenícios no mundo antigo.

Entretanto, novas mudanças na geopolítica do Oriente Médio mostraram-se nocivas para a autonomia política dos territórios fenícios. Em pleno século III a.C., a ascensão de Alexandre III ao poder na Macedônia deu início a um processo de expansão desse império em direção às terras persas que favoreceu a conquista total dos fenícios pelos macedônios. A força do exército de Alexandre III é amplamente conhecida, e não por acaso seu império viveu o maior processo de expansão da Antiguidade. Ao se deparar com as cidades-Estados da Fenícia, cujo poder militar era mais significativo no mar do que na terra, Alexandre III resolveu investir em uma conquista militar direta. Rapidamente, os territórios fenícios foram cedendo à pressão macedônica até que Tiro dificultou um pouco os planos dos invasores. Ao contrário do que Alexandre III previa, Tiro conseguiu resistir por longos sete meses aos assédios do exército macedônio, transformando-se em um dos territórios mais difíceis de serem conquistados. O chamado "Cerco de Tiro", em 332 a.C., obrigou os macedônios a reunir um grande esforço de guerra, contando com tropas e embarcações vindas de terras recém-conquistadas como o Chipre e as próprias cidades-Estados fenícias já subjugadas. Para alguns historiadores, a conquista de Tiro foi o fim da primeira grande civilização surgida no Líbano histórico; para outros, foi só o começo.

O orgulho dos libaneses de sua história na Antiguidade recai, após a conquista de suas terras pelos grandes impérios dessa época, sobre o legado cultural de seu povo. Durante o comando macedônio, a cultura fenícia foi incorporada à grande herança do helenismo difundido ao longo de todo o império. O amálgama cultural construído pela junção entre os mitos, tradições e conhecimentos do dominador e dos dominados fez com que as velhas contribuições civilizacionais fenícias fossem difundidas largamente.

Com território e cultura autônomos, a Fenícia não voltou a existir após a chegada dos macedônios no Mediterrâneo oriental. O que sobrou como resultado expressivo da talassocracia fenícia foi a cidade-Estado de Cartago, que, ao longo do tempo, assumiu o importante papel comercial marítimo sustentado por Sidon, Tiro e Biblos em épocas anteriores. Ainda que os cartagineses fossem descendentes diretos dos fenícios e tivessem um papel importante na Antiguidade, jamais recuperaram os territórios fenícios do que hoje é a costa libanesa. Enquanto cartagineses criavam colônias entre o sul da Itália e o litoral da península ibérica, a região do Líbano atual foi anexada por sucessivos impérios, como o Egito Ptolomaico, o Império Selêucida[4] e, a partir do século I a.C., o Império Romano.

As relações entre os romanos e o Líbano histórico foram marcadas por um largo processo de integração, nem sempre pacífico, entre as duas civilizações. Ao mesmo tempo que a República e o Império romanos ergueram seu predomínio sobre o Mediterrâneo por meio da aniquilação de Cartago, as terras libanesas foram incorporadas rapidamente a Roma, produzindo prosperidade material e cultural nas antigas cidades-Estados dessa região. O caso mais emblemático é a construção da Escola de Direito Romano Clássico de Beirute, um projeto grandioso que visava retirar das antigas cidades fenícias de Tiro, Sidon e Biblos a liderança administrativa regional do império e confiá-las a um novo centro urbano. No interior desse projeto, Beirute foi escolhida para receber os arquivos dos decretos imperiais destinados às províncias orientais, e, por essa razão, Roma decidiu construir uma Escola de Direito nessa mesma cidade para formar a mão de obra jurídica necessária para a administração de um império tão vasto.

Não há uma data precisa para a criação da Escola de Direito de Beirute, mas sabe-se que sua notoriedade perdurou até a sua destruição, em 551 d.C., após um terremoto de proporções catastróficas para a cidade. De todo modo, a importância e a reputação que a Escola de Direito deu à Beirute está presente no orgulho nacional libanês até hoje. A bandeira de Beirute atualmente conta com um brasão oficial que em sua parte superior apresenta um livro aberto. A primeira página possui uma frase em latim e a segunda, em árabe, ambas significando "Beirute, a mãe das leis".

As ruínas da cidade de Baalbek são um dos maiores sítios arqueológicos romanos abertos à visitação no Líbano. Acima, vê-se o Templo de Baco; à esquerda, detalhe do Templo de Júpiter.

34 | Os libaneses

A Escola de Direito de Beirute pode ser entendida como uma expressão da conexão histórica entre Roma e Fenícia. Outro símbolo dessa aproximação é o *status* espiritual da cidade de Baalbek. Esse centro religioso antigo dedicado ao deus Baal, uma das divindades mais poderosas da mitologia fenícia, foi conquistado pelos romanos em 64 a.C. e foi consagrado a Júpiter, o pai de todos os deuses para Roma. Ao longo do tempo, outros templos foram construídos em Baalbek e devotados a deuses romanos, como o Templo de Baco, durante o governo do imperador Antonino Pio, e o Templo de Vênus, sob o comando de Marco Aurélio Antonino, conhecido como Caracala.

As ruínas de Baalbek são reconhecidas atualmente como patrimônio mundial pela Unesco, pelo seu valor artístico e arquitetônico. Além disso, elas devem ser encaradas como um vestígio histórico importante da grandiosidade do Império Romano e do legado fenício para o Líbano e para o mundo. As construções desse complexo de santuários refletem dois séculos de esplendor da experiência civilizacional que faz das terras libanesas a testemunha mais contundente do prestígio cultural de diferentes povos, principalmente quando se vive o aniquilamento do passado pagão no Oriente Médio. Enquanto diversos lugares de memória são destruídos por grupos ativistas políticos e religiosos, como nos casos das imagens de Buda no Afeganistão, das peças arqueológicas babilônicas no Iraque e da língua aramaica na Síria, as ruínas de Baalbek resistem ao calor dos conflitos atuais que varrem resquícios das civilizações da Antiguidade.

A glória de Roma foi dando lugar a outros impérios ao longo do seu processo de decadência e cristianização, sendo subdividido em reinos autônomos com as invasões bárbaras no Ocidente a partir do século III d.C. O que restou de Roma na região do Oriente Médio foi se transformando no Império Bizantino, e o Líbano histórico ficou submetido ao modelo cultural do cristianismo ortodoxo até que, no século VII, uma nova civilização vinda da península arábica incorporou a costa do Mediterrâneo oriental a um novo império expansionista organizado pelos seguidores da mensagem religiosa daquele que passou a ser considerado o último profeta monoteísta: Muhammad (Maomé), fundador e propagador do islã e do Império Árabe subsequente.

## A CHEGADA DOS ÁRABES E DOS CRUZADOS

O mundo do século V ao VII era marcado por uma ordem política determinada pela religião. A Europa Ocidental, fragmentada em diversos reinos bárbaros com o fim do Império Romano, mantinha relações intrínsecas com o cristianismo, que já havia chegado às instâncias de poder em Roma nos períodos finais desse império. O Império Bizantino, como herdeiro das províncias orientais dos romanos, também se manteve vinculado ao cristianismo e passou a ser a organização política mais sólida entre os cristãos por muitos séculos. Os bizantinos conservavam o grego como língua burocrática, transformaram suas grandes cidades em centros culturais com mão de obra especializada e passaram a administrar um vasto território com comunidades cristãs que entendiam de modo distinto a figura de Cristo.

Enquanto formavam-se tendências religiosas variadas ao longo do mundo cristão oriental como os maronitas, coptas e armênios (entre outros), do ponto de vista geral, as diferenças teológicas entre os cristãos se concentravam no entendimento sobre a natureza divina e humana de Cristo. Em 431, com o Concílio de Éfeso, e em 451, com o Concílio de Calcedônia, houve a divisão da comunidade cristã em Igrejas distintas e autônomas. Em Éfeso, a discussão teológica que separou a comunidade cristã concentrou-se na condenação do nestorianismo, uma doutrina cristológica defendida pelo patriarca de Constantinopla, Nestório, que afirmava a separação entre as naturezas humana e divina de Jesus. A questão principal para o nestorianismo era a impossibilidade de atribuir à Virgem Maria o título de *Theotokos* (Mãe de Deus), já que essa condição negava a humanidade integral de Cristo. Em substituição, Nestório propunha o título de *Christotokos* (Mãe de Cristo) à Maria, por ela ser tão somente a mãe do Messias, e não de Deus. O nestorianismo, ao separar as faces divina e humana de Jesus, recebeu duras críticas de diversos líderes cristãos, entre eles Cirilo de Alexandria, que também por questões políticas (o enfraquecimento de um Patriarcado concorrente) empenhou-se em promover o cisma entre os nestorianos e seus opositores. No Concílio de Calcedônia, anos após a condenação de Nestório, outros defensores de visões cristológicas distintas da oficial, tais como Eutiques de Constantinopla e Dióscoro de Alexandria, também foram condenados. Entre os cristãos orientais atuais no Oriente Médio, as principais Igrejas historicamente atreladas ao monofisismo "não calcedoniano" são: a Igreja Apostólica Armênia, a Igreja Ortodoxa Copta, a Igreja Ortodoxa Etíope e a Igreja Ortodoxa Síria. Já as principais Igrejas "calcedonianas" são: a Igreja Católica Armênia, a Igreja Católica Caldeia, a Igreja Greco-Melquita e a Igreja Maronita.

Ao mesmo tempo que essas divisões doutrinárias afetavam o mundo cristão, na fronteira leste do Império Bizantino, uma nova mensagem religiosa conseguiu em um curto espaço de tempo unir povos dispersos da península arábica em um império aguerrido e expansionista. As revelações recebidas pelo profeta Muhammad e a organização política que se formou a partir delas deu início ao Império Árabe-Islâmico que, mesmo após a morte de seu profeta, estendeu-se em direção ao Império Bizantino. Não cabe aqui entrar em detalhes sobre as características da comunidade política islâmica do século VII. A questão central para a compreensão desse fenômeno religioso e militar é que já no ano da morte de Muhammad, 632

# 36 | Os libaneses

d.C., toda a península arábica estava submetida ao Império Árabe-Islâmico, e cerca de trinta anos depois, as terras islâmicas já se estendiam da Armênia ao Norte da África, aproveitando-se da fragilidade causada pelas divergências entre os cristãos e conquistando terras do Império Bizantino, como a região do Levante (parte significativa do Mediterrâneo oriental).

A conquista árabe do atual território libanês foi marcada por campanhas militares e revoltas locais divididas em pelo menos três fases. Na primeira, durante o domínio do califa Abu Bakr (632-634), as tropas árabe-islâmicas avançaram em direção a regiões circundantes do Líbano em três grupos militares chefiados pelo general Khalid ibn al-Walid, direcionados respectivamente para a Palestina, para Damasco e para o rio Jordão, onde ocorreu o maior confronto entre as tropas cristãs bizantinas e as forças islâmicas, na Batalha de Yarmuk (atual Jordânia), em agosto de 632.

A segunda fase de tentativas de avanço militar árabe-islâmico nessa região foi durante a dinastia Omíada (660-750), especificamente quando o governador árabe Muawiyya negociou a permanência da população muçulmana em parte do Líbano atual com o imperador bizantino Constantino IV, após o fracasso das tentativas árabes de dominar Constantinopla e terras importantes da Anatólia (Ásia Menor, atual Turquia). Ao invés de investir exclusivamente em campanhas militares, Muawiyya cedeu à resistência cristã bizantina e negociou sua permanência no território do Líbano histórico em troca do pagamento de tributos a Constantino IV.

A terceira fase se deu já na dinastia abássida do Império Árabe-Islâmico (750-1258), período em que o centro do Império foi transferido de Damasco para Bagdá e essa distância favoreceu o surgimento de uma série de revoltas cristãs contra os muçulmanos. Esses cristãos tiveram um papel fundamental no enfraquecimento da dinastia abássida, sendo posteriormente sucedida por outras dinastias islâmicas independentes, como os fatímidas (909-1171), os aiúbidas (1171-1342) e os mamelucos (1250-1517).

O legado da presença árabe-islâmica no Líbano pode ser percebido até hoje. Além da difusão da língua árabe por todo o território do Levante, a chegada desse novo império islamizou a maioria da população local entre parte das atuais regiões do Líbano, da Síria, de Israel-Palestina, da Jordânia e do litoral africano, permitindo a sobrevivência de grupos minoritários judeus e cristãos ao longo desse vasto território. É claro que nem sempre essa coexistência foi pacífica, mas até hoje a região atual do Líbano é marcada pela diversidade religiosa de seus habitantes. Não se pode negar que o domínio das dinastias árabes e islâmicas no Mediterrâneo oriental teve grande peso na formação da sociedade libanesa moderna, principalmente porque garantiu o refúgio de vários grupos étnicos e religiosos no futuro território libanês.

Quem precisa de Asterix? | 37

Construído sobre os vestígios de um antigo templo fenício, o castelo medieval de Sidon, o Castelo do Mar, é um dos cartões-postais mais destacados do Líbano. Foi utilizado como fortificação por distintos povos que ocuparam a cidade ao longo da história.

O Castelo de Beaufort (foto à esquerda) remonta à chegada dos cruzados ao sul do Líbano no século XII. Por sua localização estratégica, chegou a ser controlado pelo exército israelense de 1982 até sua saída do país em 2000. Já no Castelo de Biblos, outra construção medieval de grande importância, pode-se ver vestígios de civilizações anteriores à chegada dos cruzados, como fenícios e romanos.

## 38 | Os libaneses

Os cristãos maronitas, melquitas e os drusos são bons exemplos desse fenômeno. Os maronitas foram levados da região do vale do rio Orontes, que nasce no Líbano atual e avança sobre o norte da Síria e sobre a Turquia, para o vale de Qadisha, nas montanhas libanesas. Já os melquitas foram a primeira Igreja cristã a adotar o árabe como língua litúrgica, e, quando expulsos pelos árabes da Síria, também encontraram refúgio no norte e no centro do atual território libanês. Por fim, os drusos, expulsos da região do Egito, instalaram-se no sul do Líbano, especialmente quando dois de seus líderes, Hamza e Darazi, recusaram-se a seguir as orientações do califa fatímida al-Hakim, que proclamou-se "encarnação de Deus na Terra" entre os séculos X e XI.

Para além de qualquer leitura fantasiosa do que foram as Cruzadas, essas campanhas militares alimentadas pelo papado e conduzidas por povos distintos da Europa Ocidental tinham o objetivo de reestabelecer o domínio cristão sobre a Terra Santa, mas acabaram construindo um legado cultural heterogêneo que influencia a identidade libanesa até hoje. Não se trata de considerar os cristãos libaneses atuais como descendentes de cruzados europeus "de olhos claros e coragem cavalheiresca". Mas não há como negar que as Cruzadas fizeram do território libanês um espaço em que cristãos e muçulmanos estabeleceram relações históricas e patrimoniais que conferem sentido à própria identidade nacional libanesa forjada pelo encontro de culturas e civilizações.

Os vestígios da conexão híbrida entre muçulmanos e cristãos no Líbano medieval podem ser vistos nos principais castelos e ruínas dessa época, considerados parte fundamental do patrimônio histórico e cultural do Líbano contemporâneo. Um exemplo dessa perspectiva é o Castelo de Beaufort, localizado na região de Nabatieh, sul do Líbano, às margens do rio Litani. Durante o controle da região pelo rei cristão de Jerusalém, Fulque V de Anjou, os cruzados sob seu comando tomaram uma antiga fortificação ali existente e, em 1139, sobre suas bases começaram a construção do castelo. Em 1190, o líder islâmico Saladino assumiu o comando do lugar ainda no calor das disputas entre muçulmanos e cristãos pelo controle de Jerusalém. Em 1230, os cristãos voltam a dominar a região até perderem definitivamente o controle dessa área e do castelo para os mamelucos em 1268.

O valor histórico do Castelo de Beaufort não está apenas nas possíveis revelações que as camadas arqueológicas de suas ruínas podem fazer sobre seus antigos senhores, mas também porque ele pode ser visto como símbolo do Líbano e dos libaneses por sua importância estratégica e a consequente disputa pelo seu controle que avançou sobre o século XX e a Guerra Civil Libanesa (1975-1990). Durante esse conflito mais recente, o castelo foi utilizado por grupos pró-palestinos contra

Por séculos, os drusos reafirmam o valor cultural, social e político de sua comunidade no território libanês.

a invasão militar israelense na chamada Operação Paz na Galileia. A localização geográfica privilegiada de um castelo que havia abrigado cruzados cristãos e tropas islâmicas no período medieval conferia aos militantes pró-palestinos uma visão geral da região do sul do Líbano e norte de Israel. No desenrolar da Guerra Civil em 1982, o enfrentamento entre militantes pró-palestinos e o exército israelense levou ao bombardeamento do castelo na chamada Batalha de Beaufort, destruindo parte da construção. As forças israelenses passaram a ter o controle sobre o castelo e interferiram na construção histórica para adaptá-la aos seus propósitos militares. Com tudo isso, como não considerar o Castelo de Beaufort uma representação histórica do hibridismo cultural e dos problemas geopolíticos que o Líbano vive até hoje?

Os castelos medievais do período das Cruzadas no Líbano são testemunhos de como a herança de duas ou mais culturas definem a história libanesa. Podem-se tomar como exemplo outros castelos medievais que representam a sobreposição de tradições culturais distintas. Um dos mais famosos vestígios históricos dos cruzados em solo libanês é o Castelo de Sidon construído pelos cruzados no século XIII em uma pequena ilha ligada ao continente, em local que abrigava anteriormente um templo em homenagem ao deus fenício Melqart. Foi tomado pelos mamelucos, e cada um dos diferentes senhores que dominaram a cidade de Sidon deixou sua marca na construção. Nas paredes externas do castelo, por exemplo, é possível ver a influência da arquitetura romana, e na torre leste nota-se duas fases de construção: a primeira feita pelos cruzados, e a segunda pelos mamelucos.

# 40 | Os libaneses

As Cruzadas reforçaram a presença dos cristãos no território libanês e fizeram dessa região uma espécie de encruzilhada do mundo. Não é de se estranhar que em um país tão pequeno fisicamente como o Líbano, mais de 10 castelos e construções medievais atestam como a alteridade e o hibridismo cultural são, ao mesmo tempo, o antídoto e o veneno históricos de uma identidade nacional fragmentada. Existem muitos outros castelos e vestígios arqueológicos medievais que comprovam a presença dessa simbiose cultural no Líbano. As cidades milenares de Biblos, Sidon, Tiro, Beirute, entre outras, transformam-se em múltiplos espaços de sociabilidade cultural com a interação entre povos distintos ao longo do tempo e a perspectiva de novas chegadas e enfrentamentos não deixa de existir com o domínio islâmico sobre a região.

Todo cuidado é pouco... Os turcos estão chegando...

## NOTAS

[1] Gemmayzeh é uma rua de Beirute conhecida internacionalmente por sua vida noturna intensa e grande circulação de turistas. A imagem de Beirute como a capital boêmia do Oriente Médio é baseada fundamentalmente na agitação noturna das ruas Gemmayzeh e Hamra.

[2] Talassocracia é toda e qualquer organização política construída a partir de uma relação de integração com a atividade marítima. Costumavam ser governos que concentravam seus esforços expansionistas e colonizadores em litorais próximos, dependendo, portanto, de rotas marítimas para o seu desenvolvimento.

[3] O momento em que os caldeus assumiram o controle do Império Babilônico é visto por parte dos historiadores como o período de formação do chamado Império Neobabilônico, entre 626 a.C. e 539 a. C. Ainda que essa seja uma época de grande importância para a Babilônia, ela foi precedida pelo Império Paleobabilônico, entre 1792 a.C. e 1595 a.C. antigo Império Macedônico, entre a Ásia Menor e o atual Afeganistão. É nesse momento que tem início o Império Selêucida.

[4] Antigo Império Macedônico, entre a Ásia Menor e o Afeganistão.

# TURCO É A MÃE! AS RAÍZES DO LÍBANO

## VIDAS CRUZADAS

O destino das terras históricas do Líbano, disputadas por cristãos e muçulmanos durante o período das Cruzadas, manteve a necessidade de convivência entre essas duas culturas religiosas, porém, cada vez mais, com larga vantagem para os muçulmanos. No momento em que o atual território libanês e praticamente toda a região do Levante passaram a ser controlados politicamente por líderes muçulmanos, os cristãos e os judeus tiveram sua existência garantida pelo islã por meio de um princípio contratual chamado *dhimma*, que regulava as condições de permanência de não muçulmanos em seus sistemas legais e de culto nas terras em que prevalecia o Império Islâmico. A ideia era que sobretudo cristãos e judeus tivessem autorização para se livrarem da conversão ao islã desde que se submetessem ao pagamento de impostos especiais e se privassem de atacar o exército muçulmano. Essa prerrogativa garantiu a sobrevivência de minorias religiosas nos territórios islâmicos; há quem considere a *dhimma* uma forma de tolerância à diversidade, e outros analistas criticam os reais efeitos de submissão e diferenciação desse sistema.

Em linhas gerais, o islã se consolidou como religião hegemônica no Oriente Médio e avançou sobre terras até então controladas pelo Império Bizantino. No século XI, uma dinastia de origem turca, os seljúcidas, passou a controlar o Líbano histórico, avançando, desde a Ásia Central, em direção à Anatólia e à costa mediterrânea oriental. As terras do islã deixaram de ser dominadas por árabes muçulmanos e passaram por um processo de fragmentação política que fez emergir um conjunto de reinos autônomos, como os fatímidas, no Egito, os omíadas, na península ibérica, almorávidas e almoadas, no Marrocos, e os próprios turcos, em um vasto território que se estendia da Ásia Central ao Mediterrâneo.

Os turcos seljúcidas, que até esse momento tinham participado do Império Islâmico como meros mercenários convertidos, começaram a comandar as terras à medida que migravam para o Ocidente, enfraquecendo paulatinamente o Império Islâmico unificado sob dinastias anteriores (como omíadas e abássidas) e tornando as fronteiras

42 | Os libaneses

desse império cada vez mais porosas. Conforme os seljúcidas tomavam para si as terras muçulmanas e acercavam-se do Império Bizantino, o confronto entre esses dois grupos mostrou-se inevitável. O marco desse processo de conquista liderado pelos seljúcidas foi a Batalha de Mantzikert, em 1071, quando o Império Bizantino teve uma de suas mais fragorosas derrotas militares. Apesar de ser uma vitória territorialmente distante do Líbano histórico, Mantzikert é importante para o destino dos povos que habitavam as terras libanesas porque permitiu que os seljúcidas se aproximassem rapidamente da região do Levante, chegando a conquistar vastos territórios.

Esse cenário de fácil expansão deixou evidente a fragilidade da presença militar cristã na região, que contrastava com a força cultural de suas comunidades espalhadas por todo o Oriente Médio. No despertar do século XII, o Grande Império Seljúcida dominava a maior parte da região do Levante e da Ásia Menor, reduzindo os bizantinos a um pequeno território em torno de Constantinopla, e os cruzados vindos da Europa a reinos litorâneos, como o Condado de Edessa, o Principado de Antioquia, além do Reino de Jerusalém e do Condado de Trípoli, em que partes de suas terras correspondem às atuais fronteiras libanesas. Entretanto, por questões familiares, o Império Seljúcida foi retalhado em diversos pequenos sultanatos que se enfraqueceram no calor das disputas entre muçulmanos e cristãos pelo Levante. A sobrevivência dos seljúcidas ficou limitada ao chamado Sultanato de Rum, uma porção de terra equivalente à região da Anatólia que sobreviveu até o início do século XIV.

No interior da fragmentação de poder vivida pelos seljúcidas, o jogo político e militar entre cristãos e muçulmanos voltou a se incendiar quando as constantes provocações e assaltos entre ambos levaram à conquista definitiva de Jerusalém por Saladino (como visto no capítulo anterior) e ao controle da região do Levante e do Egito por uma nova dinastia, os aiúbidas, que se sobrepuseram aos fatímidas no Egito e se estenderam à região da Síria atual até seu enfraquecimento paulatino, entre os séculos XIII e XIV, sendo substituídos pelo Sultanato Mameluco.

A questão que se coloca aqui para a história libanesa não é a descrição exaustiva de batalhas, dinastias e troca de poderes em seu território, mas a riqueza cultural e os problemas identitários que essa experiência gerou no Líbano moderno. Em um raio de menos de 90 km entre Damasco e Beirute, qualquer pessoa pode conhecer a cidadela medieval do cruzado Raimundo IV, o mausoléu de Saladino, o santuário onde supostamente se encontra a cabeça de João Batista e o castelo do rei francês Luís IX, canonizado em 1297.

O clima de permanente instabilidade política nas terras islâmicas desse período somente começou a mudar quando um novo grupo de origem turca passou a ganhar importância política e militar no Oriente Médio: os otomanos. Esse antigo grupo,

Retrato do sultão otomano Maomé II, o Conquistador, Gentile Bellini, 1480

Mehmed II, o Conquistador, ficou conhecido como o sultão responsável pela captura de Constantinopla em 1453. Para alguns historiadores, a tomada da capital bizantina pelos turcos marca o fim da Idade Média.

aliado e submetido aos seljúcidas, sobretudo contra os bizantinos, foi ocupando espaços de poder deixados pelo processo de enfraquecimento de seus senhores na Anatólia. A primeira onda de expansão dos otomanos se deu justamente em direção aos territórios bizantinos, em especial na Anatólia Ocidental e nos Bálcãs. Já em meados do século XV, os otomanos realizaram aquilo que até então parecia impossível: conquistaram a cidade milenar de Constantinopla, capital do Império Bizantino, tornando-se a maior força militar da Ásia Menor.

A decadência da civilização bizantina tinha levado Constantinopla a seu pior momento, sacrificando seu esplendor para manter os aparatos militares necessários para defender-se de ataques estrangeiros por séculos. Ao perceberem o potencial cultural e simbólico de Constantinopla, os otomanos revitalizaram a importância da cidade, transformando-a em capital de seu império em formação. Sob o domínio de seu conquistador, o sultão Mehmed II, a cidade começou a se islamizar, mas sem se opor abruptamente à herança cristã, judaica e helênica que tanto marcou a história de Constantinopla, agora chamada por seu nome turco, Istambul.

44 | Os libaneses

A conquista de Constantinopla se relaciona com a história do Líbano por diversos fatores. Inicialmente, não há dúvidas de que a notícia sobre a queda do último grande império cristão da região tenha causado assombro nas comunidades cristãs em todo o Oriente Médio daquele momento. Os menos de mil quilômetros que separavam Istambul do centro do Líbano histórico estavam repletos de cristãos e judeus que tinham algum tipo de vínculo com os bizantinos, seja por redes comerciais tradicionais ou mesmo por questões culturais e religiosas. Outro fator importante era que a expansão dos otomanos pela Anatólia e pelos Bálcãs tornava evidente que, mais cedo ou mais tarde, o caminho natural da ampliação das fronteiras otomanas seria em direção às terras árabes do Levante e do Norte da África. Não por acaso já no início do século XVI, sob o domínio do sultão Selim I, os otomanos conquistaram os territórios árabes do Sultanato Mameluco, chegando a submeter também as cidades islâmicas sagradas de Meca e Medina, na península arábica.

O ponto central do domínio otomano sobre o Levante foi a Batalha de Marj Dabiq, em 1516. Após três meses de longa caminhada em direção à região de Alepo (atual território da Síria), os otomanos tiveram que esperar por 16 dias até a chegada das tropas inimigas mamelucas, que sofreram uma grande revolta de seus soldados por falta de pagamento. A maior força de combate, que se acreditava capaz de impedir a expansão otomana para os atuais territórios da Síria e do Líbano em direção ao Egito, era um exército desmoralizado pela falência econômica do poder central e por um alto comando mais confiante do que competente. Após oito horas de confronto, o exército otomano, numericamente menor do que o mameluco, conquistou a vitória e pôde, nos anos seguintes, ocupar a Mesopotâmia, o Levante e o Egito. Uma das explicações para o sucesso otomano em Marj Dabiq vai além das responsabilidades do fraco comando militar mameluco. Alguns historiadores acreditam que um elemento determinante para a rápida expansão otomana foi o uso da artilharia como grande trunfo militar. Enquanto os mamelucos depositavam todas as suas esperanças em um corpo de cavalaria bem treinado, os otomanos usavam canhões com tecnologia e produção próprias.

As conquistas de Selim I permitiram que seu sucessor, Solimão, o Magnífico, fosse governante no momento mais grandioso do Império Otomano. Nesse período, o Império Otomano consolidou seu domínio sobre o Líbano histórico e as regiões vizinhas, expandiu-se em direção à Europa Central e chegou a cercar as muralhas de Viena, em 1529. Para o início do século XVI, o Império Otomano foi um ator importante no jogo político internacional, principalmente no calor das disputas de poder entre o Império Habsburgo de Carlos V e a França de Francisco I. Por meio de alianças e disputas em terras e mares europeus, como os Bálcãs e o Mediterrâneo, os otomanos se consolidaram como uma das maiores forças militares da modernidade.

A importância do Líbano histórico nesse processo se concretiza com a conquista otomana da ilha de Chipre, em 1570, já após a morte de Solimão, o Magnífico. O Líbano voltava a ter sua enorme vocação comercial restaurada no momento em que o controle sobre o Chipre garantiu o monopólio otomano da navegação no Mediterrâneo oriental. Mesmo que os otomanos tivessem amargado um duro revés na histórica Batalha de Lepanto, em 1571, quando a Santa Liga (Veneza, territórios espanhóis sob domínio dos Habsburgo, Nápoles, Malta, Saboia, Gênova e os Estados Pontifícios) derrotou a armada otomana e pôs fim à expansão do islã no Mediterrâneo, esse episódio não colocou sob ameaça o domínio otomano da navegação comercial na região. As rotas comerciais que por séculos tinham sustentado a riqueza de grandes impérios cristãos como Roma e Bizâncio, além de importantes centros comerciais europeus como Veneza e Gênova, estavam agora submetidas ao controle dos otomanos.

Com Solimão, o Magnífico, o Império Otomano viveu seu auge em pleno século XVI. Nesse período, os otomanos dominaram a navegação no mar Mediterrâneo, causando grandes perdas ao comércio marítimo feito por cristãos.

Retrato de Solimão I, Ticiano, c. 1530

No século XVII, com a expansão máxima dos otomanos já consolidada, o resultado do alargamento das fronteiras do império era impressionante. As estepes russas, parte do Cáucaso, grande parte do Oriente Médio, o litoral norte-africano até o Marrocos e a planície húngara davam a dimensão de um império que também dominava o mar Negro, o Mediterrâneo oriental, partes consideráveis do rio Danúbio, de importantes rios das atuais Ucrânia, Rússia, Bielorrússia, o Tigre e o Eufrates no atual Iraque, o Litani e o Orontes no Líbano, até o Nilo. A quantidade de recursos econômicos disponíveis para o comércio em uma vasta extensão geográfica como a do Império Otomano precisava de áreas de escoamento dessa produção em direção a grandes mercados consumidores, como a Europa Ocidental. Assim como em outros períodos de sua história, a região do Líbano retomou sua relevância portuária, principalmente em centros urbanos históricos como Sidon e Beirute.

A Batalha de Lepanto, em 1571, foi considerada o marco histórico do fim da expansão otomana. A vitória dos reinos cristãos foi possível graças a uma coalizão de forças militares europeias conhecida como a Santa Liga.

A Batalha de Lepanto de 1571, Andries van Eertvelt, 1640

A pesquisa histórica sobre esse período ainda é pouco desenvolvida, em especial no que se refere à relevância marítima do Líbano sob o domínio otomano. Apenas recentemente, em maio de 2014, a Honor Frost Foundation, uma organização especializada em estudos marítimos e arqueológicos do Mediterrâneo oriental, publicou um relatório que tenta responder ao silêncio científico sobre a arqueologia marítima regional do Império Otomano na costa dos atuais Líbano, Síria e Chipre. Algumas das questões levantadas pelo relatório sobre a importância comercial marítima do Líbano durante a dominação otomana estão relacionadas ao significativo papel que o porto de Sidon teve para conectar o centro comercial de Damasco ao mercado mediterrâneo, contando com a presença de comerciantes europeus na cidade até o século XVIII. Já Beirute teve seu porto reconhecido como centro comercial ao longo do século XIX, quando a cidade passou a ser a capital da província otomana de Sidon.

Mas se o século XVII é o marco da máxima expansão do império, é também o momento em que se iniciam alguns movimentos de insatisfação com o domínio otomano no Líbano. Na narrativa histórica da nação libanesa, há um controvertido personagem que encarna esse descontentamento e merece ser destacado: o emir druso Fakhr al-Din II, também conhecido como Fakhreddine. Trata-se de um líder local reverenciado por alguns como uma espécie de "pai da nação", precursor do projeto político do Líbano contemporâneo. A biografia de Fakhr al-Din II tem o tom dramático e novelesco próprio das narrativas sobre a vida dos heróis nacionais de todos os países. Neto de uma notória família de governadores, os Maan, o emir viu seu pai ser morto por homens ligados ao Estado otomano que deveriam punir os drusos das montanhas Chouf, no Monte Líbano, por constantes atos de rebeldia. Uma das versões sobre sua infância assevera que após a morte do pai e, temendo por sua vida, Fakhr al-Din II foi entregue pela mãe aos cuidados de uma poderosa família maronita, os al-Khazen. Independentemente da confirmação desse episódio, foi com a ajuda de sua mãe e de seu irmão mais novo, Yunus, que ele conseguiu restaurar o poder de sua família, mostrando-se hábil na política, na diplomacia e na guerra. Já adulto, ampliou seu poder e conseguiu ser reconhecido como líder de um vasto território, que ia do deserto sírio em direção à atual Palestina.

O grande mérito histórico de Fakhr al-Din II era sua capacidade de se beneficiar das disputas internacionais pelo controle do comércio no Mediterrâneo oriental. Enquanto os maiores impérios, reinos e repúblicas mercantis da Europa, tais como Inglaterra, França, Gênova, Veneza, Toscana, e Holanda rivalizavam pelo franco acesso aos portos controlados pelos otomanos, Fakhr al-Din II explorava as relações diplomáticas com esses governos europeus para se fortalecer contra adversários locais, ou mesmo contra o poder central otomano. A mais profícua negociação conseguida por ele foi um acordo assinado com o grão-duque da Toscana, Fernando de Médici (Fernando I), em 1608, que o colocava à frente de seus maiores rivais, Gênova e Veneza, na região, e se sobrepunha à autoridade otomana ao reconhecer Fakhr al-Din II como seu interlocutor prioritário. Atento ao risco de desagradar seus senhores otomanos, incluiu uma cláusula no acordo que previa a obrigação da Toscana em conceder-lhe asilo político em caso de represália otomana.

Não tardou muito para que a relação entre Fakhr al-Din II e Istambul chegasse a um caminho sem volta. O aumento da influência da família Maan foi respondido com a força pelos homens leais ao sultão. Nesse caso, a saída encontrada por Fakhr al-Din II e seus seguidores foi a fuga para o porto de Livorno, na Toscana, em 1613. A expedição rumo à proteção de Fernando I contava com os familiares de Fakhr al-Din, além de um grupo heterogêneo formado por drusos, sunitas, xiitas, cristãos maronitas e judeus. Esse exílio de súditos otomanos em terras cristãs europeias durou cerca de cinco anos e se manteve com a promessa de que, ao retornar ao poder na região do Líbano histórico, Fakhr al-Din II retribuiria a generosidade toscana com rentáveis acordos comerciais. Mas o líder druso sabia que jamais conseguiria sua volta triunfante à terra natal sem o suporte militar dos europeus.

Retrato de Fakhr al-Din, *anônimo*

Fakhr al-Din II é tido como um herói nacional do Líbano, principalmente por ter conquistado certa autonomia em relação aos otomanos. Sua época é considerada um período de prosperidade econômica e cultural no país.

Em 1618, após cinco anos de exílio, a instável conjuntura política do Império Otomano tinha passado por uma reviravolta e muitos de seus inimigos haviam sido retirados do poder. O novo cenário político permitiu o retorno de Fakhr al-Din II para o Líbano histórico, chegando a receber o título de governador de Sidon, Beirute e Biblos (Jbeil). A década seguinte favoreceu a restauração do poder local pela família Maan, sua reestruturação econômica e, mais uma vez, o aumento de sua influência na região. Os problemas entre a autoridade otomana e o emir druso tiveram seu capítulo final em 1632, quando um exército otomano que deveria se preparar para atacar o Império Persa se deslocou para a região do Vale do Bekaa libanês com o intuito de se proteger do inverno. A notícia de que um grande contingente de soldados otomanos se preparava para ocupar as terras sob sua jurisdição e sem autorização prévia fez com que Fakhr al-Din II desconfiasse das intenções dessa mobilização militar. Após a transgressão do emir druso, que não aceitou facilmente a presença otomana em suas terras, as tropas otomanas entraram em confronto com os soldados de Fakhr al-Din II, em 1633, e os derrotaram. O próprio emir e seu filho Masud foram condenados ao estrangulamento e à decapitação, o que os transformou em mártires do Líbano contemporâneo.

Fernando I, grão-duque da Toscana, foi um importante parceiro comercial de Fakhr al-Din II. Ficou conhecido como um homem tolerante por negociar com povos não cristãos entre os séculos XVI e XVII.

Retrato de Fernando I de Médici, *Scipione Pulzone*, 1590

Qualquer pessoa que passe pela atual cidade libanesa de Deir al-Qamar pode visitar duas construções históricas que comprovam o legado cultural de Fakhr al-Din II e sua família: a mesquita Fakhr al-Din, construída em 1493 (possivelmente pelo seu avô), e o palácio de Fakhr al-Din II, uma obra arquitetônica do século XVII que atualmente abriga o museu de cera Marie Baz e conta a história política do Líbano por meio de seus personagens principais. Mas a trajetória de Fakhr al-Din II é relevante para o país não apenas por seu papel mítico no imaginário nacional libanês. As idas e vindas de um emir druso criado por uma família maronita e rival do sultão otomano sunita servem como exemplo do peso que as minorias e grupos étnicos e religiosos têm na formação do Líbano contemporâneo. Aos poucos, o sultão otomano, soberano das terras do islã, foi perdendo lugar para pequenas lideranças comunitárias. No caso do Líbano, se Maomé não vai à montanha, ela se enche de maronitas e drusos rebeldes.

Ao longo do século XVIII e do XIX, o Império Otomano passou a viver um processo de decadência que, no plano interno, fez com que os poderes políticos provinciais ganhassem mais autonomia em relação ao Estado central. As lideranças de grupos minoritários no interior desse império multiétnico minaram o controle que o vasto domínio otomano precisava manter para garantir sua sobrevivência e pujança. No âmbito externo, os impérios concorrentes ao otomano, como a Inglaterra, a França e a Pérsia, começaram a pressionar as frágeis fronteiras das terras do sultão à medida que se desenvolviam tecnicamente no campo militar. Os gastos necessários para controlar as inúmeras revoltas que varreram o Império

O palácio construído por Fakhr al-Din II em Deir al-Qamar, região de Chouf, abriga atualmente o museu de cera Marie Baz. Trata-se de um dos principais pontos turísticos da região centro-sul do Líbano.

Otomano ao longo do século XVIII, por todo o século XIX, e na primeira metade do XX, ajudaram a estrangular economicamente as pretensões expansionistas dos sultões subsequentes. O fim da Sublime Porta (como era conhecido o Império Otomano) e a ascensão política dos grupos minoritários mostraram-se ser uma realidade inquestionável. O destino do Líbano e de muitos países do Oriente Médio começava a ser escrito com o sangue de quem se colocava no caminho da manutenção de uma estrutura imperial agonizante.

## OS SENHORES DA MONTANHA

A questão da atuação política das minorias presentes no território do antigo Império Otomano tem relação direta com as estratégias que cada comunidade étnica empregou para garantir sua sobrevivência sob o poder de um Estado oficialmente islâmico. Historicamente, o contato entre muçulmanos e cristãos no Oriente Médio foi marcado por uma convivência política forçada que não necessariamente refletia uma integração social. Nos primeiros séculos do islã, em que a expansão do Império Muçulmano ocorreu em direção às terras cristãs, pertencer à maioria islâmica assegurava privilégios sociais e políticos, o que levou grupos minoritários a se submeterem a processos de conversão religiosa que anulassem identificações minoritárias indesejáveis. Aos que se recusavam a se converter, permanecia a condição de "minoria", ou seja, a categoria de grupos subordinados ao pacto da *dhimma* e discriminados socialmente em relação aos muçulmanos de forma declarada.

Uma análise atual da composição étnica dos territórios sob o controle histórico dos muçulmanos do Oriente Médio mostra que as áreas de maior população convertida ao islã se encontram em espaços urbanos, onde a sobrevivência estava mais diretamente vinculada ao prestígio social do indivíduo em relação aos poderes oficiais do Império Islâmico. Em muitos territórios que mantiveram comunidades cristãs e judaicas, como a atual região do Líbano, é possível perceber que as comunidades mais resistentes à integração social pela conversão ao longo da história se localizam em áreas rurais, como as montanhas libanesas do norte ou o Vale do Bekaa. Isso não significa que não houvesse integração intercomunitária nessas terras. O importante aqui é que, mesmo compartilhando valores e crenças, a maioria islâmica não deixava de instituir maneiras de se diferenciar socialmente em relação a outros grupos étnico-religiosos.

Desse modo, o problema do confessionalismo e da condição de minoria nessa região permitiu o desenvolvimento de projetos políticos nacionais nas comunidades não muçulmanas ao longo dos séculos XIX e XX. A história da segregação social

52 | Os libaneses

das comunidades cristãs no Império Otomano e a mudança de prestígio dessas comunidades com o aumento da presença ocidental nas decisões políticas otomanas favoreceram a ascensão de movimentos nacionalistas cristãos que monopolizaram o processo de formação do Estado libanês contemporâneo.

A maior parte dos problemas políticos do Líbano costuma ser explicada pelo antagonismo histórico presente em sua "entidade nacional": a convivência de elementos políticos retirados do modelo de Estado europeu e a tradição de governos locais anteriores ao colonialismo europeu do século XX. De todos os dispositivos institucionais da política libanesa, o chamado "fator confessional" é o que mais manifesta instabilidade em seu projeto de nação. Pode-se dizer, portanto, que o Líbano é fruto da junção entre a permanência da confessionalidade, os vestígios da experiência colonial e a instabilidade crônica de seu contexto regional. Assim, não há como ignorar a subsistência do componente religioso na construção da nação e do Estado libaneses, bem como em outros países da região, a exemplo de Israel e Síria (ainda que não o reconheçam oficialmente).

A história dessa região, que antecede a própria formação desses Estados modernos, pode apresentar fatores importantes para a compreensão do papel exercido pela confessionalidade no plano político. Desde a época em que essa região foi parte do Império Otomano, existe a relação entre identidade confessional e a população local, particularmente por meio dos chamados sistemas de "*millet*" (entendidos como comunidades religiosas jurídicas toleradas pelo sultão). De fato, os *millets* eram grupos comunitários submetidos ao poder otomano que corroboravam a separação dos súditos do império por critérios religiosos, sedimentando juridicamente essas comunidades como minorias no interior da estrutura política sunita otomana. Do ponto de vista jurídico, seria uma releitura da regulação religiosa islâmica árabe do pacto da *dhimma* aplicada ao contexto otomano. Essa norma jurídica se justificava pela grande variedade de grupos não muçulmanos na região do Oriente Médio. Entre os cristãos havia, no geral, quatro grupos distintos considerados minorias legítimas pelo Império Otomano: os arameus (sírios orientais, sírios ocidentais, e maronitas); os coptas, os armênios e os gregos. No interior desses grupos, houve também a formação de comunidades específicas, como no caso dos maronitas, cuja participação na construção do Estado libanês foi decisiva, já que mantiveram certo sentimento de solidariedade confessional em suas ações como elite política da futura nação libanesa.

Os *millets* eram entidades com contornos confessionais que permitiam a seus líderes gerenciarem questões jurídicas e administrativas como matrimônio, herança, educação e, sobretudo, a cobrança de impostos. A formação dos *millets* garantia a seus dirigentes uma autonomia perigosa aos interesses do Estado otomano. Muitas vezes, o sultão e seus funcionários tinham que utilizar seu direito de intervir nos assuntos internos das comunidades confessionais, ainda que, ao longo do tempo, os otomanos tenham perdido essa capacidade de se interpor nos assuntos dos grupos religiosos autônomos, como os cristãos do império. Efetivamente, havia uma contradição no sistema de *millets* muito prejudicial para as pretensões centralizadoras do Estado otomano. Enquanto a Sublime Porta exercia seu direito de atuar de forma direta nas decisões dos grupos confessionais sob sua autoridade, os integrantes dos *millets* (principalmente os não muçulmanos) passavam a reconhecer o sultão como um governante autoritário e distante da comunidade. A ideia original dos otomanos era fazer com que o regime do *millet* fosse capaz de transformar cada líder das comunidades religiosas em um intermediário entre os fiéis e o Estado. Para os maronitas, por exemplo, essa imposição de autoridade era um problema, pois só reconheciam o papa de Roma como interventor direto das normas da comunidade confessional. O sultão sunita não tinha legitimidade religiosa para julgar e decidir sobre a maneira correta como um cristão vivia. Com o avanço do século XIX, o mesmo se passou com outras comunidades confessionais como gregos, judeus, e, inclusive, drusos e xiitas.

O cenário de contradição vivido pelos integrantes dos *millets* otomanos favoreceu as potências coloniais europeias do século XIX, que aproveitaram o argumento da defesa das minorias "desprotegidas" para atuar diretamente sobre as regiões do Império Otomano. O Líbano foi uma dessas regiões onde a intervenção ocidental teve mais sucesso nesse período. Os representantes eclesiásticos do papa influenciavam claramente as comunidades cristãs do império, especialmente os maronitas. Outros *millets* como os judeus e ortodoxos gregos também promoveram agitações internas por causa da interferência externa em suas questões, ainda que em menor escala. A constante instabilidade dos *millets* pode ser vista como um dos principais fatores da futura destruição do Império Otomano.

A situação caótica vivida pelos *millets* no século XIX exigiu do regime um plano de reestruturação de todo o sistema de governo otomano. Como última tentativa de solucionar a questão dos *millets* surgiu um conjunto de reformas, ou *Tanzimat*, entre 1836 e 1876. Além de pretender remediar o problema das comunidades confessionais, as reformas mostravam a força das potências europeias nas terras do Império Otomano, já que grande parte dessas ações reformistas foi incitada pelos interesses coloniais da França e da Inglaterra no Oriente Médio. Antes do fim do próprio Império Otomano, essas potências europeias influíam nas questões internas turcas com o objetivo de garantir para si benefícios econômicos e estratégicos. Os ingleses não escondiam sua intenção de conquistar o controle naval do Mediterrâneo para garantir livre acesso marítimo à Índia colonial. Os franceses, entretanto, desejavam dominar o Magreb e impedir o avanço dos planos ingleses sobre a Ásia e a África. Até a Rússia, que tinha pouca força no jogo colonial das nações europeias, desejava expandir-se pelo Cáucaso e controlar o mar Negro. A Guerra da Crimeia (1853-1856), que envolveu Inglaterra, França e Império Otomano contra a Rússia, mostra a conexão entre as potências europeias e os otomanos nesse período.

No geral, os *Tanzimats* significaram a adoção de medidas modernas europeias no interior de uma estrutura política e administrativa considerada obsoleta como a otomana. Era, então, o reconhecimento de que as antigas organizações religiosas e militares do Império Otomano necessitavam de mudanças inspiradas nos modelos europeus. Grande parte das reformas foi apenas simbólica, mas consolidou a supremacia de uma visão de mundo europeia, principalmente em comunidades confessionais otomanas que não reconheciam o sultão como líder. Ao final, a circulação de ideias europeias por meio dos *Tanzimats* inseriu um conjunto de concepções políticas ocidentais na sociedade otomana que facilitaram a posterior queda do império.

Um dos novos conceitos europeus trazidos para as terras otomanas depois do Tratado de Paris e do fim da Guerra da Crimeia foi a introdução do termo "cidadania otomana", que colocava sob as mesmas condições jurídicas e legais todos os integrantes de comunidades confessionais do império, fossem eles muçulmanos ou não. A consequência dessa igualdade absoluta de todos os súditos foi uma maior preparação intelectual e técnica dos grupos mais próximos das potências europeias (como os cristãos em geral) e o empobrecimento progressivo dos muçulmanos. Em um cenário como esse, o fracasso das reformas era iminente.

No caso libanês, o fracasso dos *Tanzimats* representou o reforço dos valores particularistas dos *millets*. Em 1840 e 1860, houve grandes massacres religiosos motivados pelas filiações confessionais dos cidadãos da região do Monte Líbano, principalmente com o intenso conflito entre drusos e maronitas em uma época de forte apoio da França aos cristãos, além da vinda do exército egípcio de Ibrahim Pashá para a região. De fato, esse cenário de sectarismo e violência refletia a fragilidade do poder dos turcos na região. Os embates da segunda metade do século XIX podem ser explicados como enfrentamentos entre a coalizão maronita-francesa contra a união drusa-otomana-inglesa. A sequela direta dos confrontos desse período foi o fim da convivência pacífica tradicional das comunidades confessionais libanesas.

Os horrores do conflito maronita-druso, depois de 1840, inflamados também pela degradação das condições econômicas na região, chamaram a atenção do mundo ocidental. Muitos países europeus, principalmente a Áustria, tentaram arbitrar acordos entre maronitas e drusos, o que efetivamente pode ser visto como uma tentativa de equilibrar os interesses da França e da Inglaterra no Líbano. No interior do Império

Essa tela de Jean-Adolphe Beaucé retrata o desembarque da Força Expedicionária Francesa em Beirute (1860). O artista acompanhou as tropas francesas que invadiram o Oriente Médio nesse período.

Otomano houve a instalação da chamada "dupla administração" ou *Caimacamat*: um acordo que transformava pequenos senhores drusos e maronitas em governantes de suas comunidades religiosas sob controle otomano. O fiasco dessa medida foi imediato, pois a instauração de uma nova organização administrativa não anulava as hostilidades entre os grupos. A tensão entre drusos e maronitas seguiu crescendo até os famosos massacres de 1860 no Monte Líbano e em Damasco, precedidos do desembarque do exército francês e, portanto, da presença cada vez mais forte do colonialismo europeu em terras otomanas. Essa época inaugurou a grande emigração de maronitas em direção à América (e claro, ao Brasil), com o objetivo de escapar dos massacres promovidos pelos drusos e pela situação caótica que esse cenário de confronto criava.

Em 1861, como consequência dos problemas estabelecidos entre as duas comunidades confessionais, surge o Mutassarifato, ou seja, um novo regime administrativo instaurado pelas potências europeias na região que reforçava a condição das comunidades religiosas como poder temporal. Essas comunidades foram organizadas e hierarquizadas pelo número de representantes que tinham e submetidas ao poder de um governador otomano que, junto a um Conselho Administrativo formado por líderes das seis comunidades da montanha (drusa, maronita, ortodoxa grega, católica grega, sunita e xiita), controlavam as decisões políticas no Monte Líbano. O governador otomano não podia ser escolhido por critérios não confessionais, já que sempre deveria ser cristão não libanês para contemplar os interesses

56 | Os libaneses

das potências coloniais. Outra prova de que o Mutassarifato privilegiava a Inglaterra e a França era que o Conselho Administrativo tinha sempre a preponderância dos cristãos, com quatro representantes maronitas, três drusos, dois ortodoxos gregos e um para os demais grupos confessionais. A experiência política de 1861, além de separar administrativamente a região do Monte Líbano de outras partes do atual território libanês, como o Vale do Bekaa, inaugurava sobre bases sólidas um regime de representatividade comunitária de grande importância para o Líbano até hoje.

O Mutassarifato funcionou com relativa tranquilidade até 1914. Na Primeira Guerra Mundial, quando o Império Otomano figurou como aliado dos alemães contra a França e a Inglaterra, a aplicação do Mutassarifato foi suspensa. Ao contrário do que supunha o estatuto de 1861, o Líbano teve três governadores nomeados diretamente pelos oficiais Jovens Turcos durante a guerra. Nesse período, muitos libaneses de distintas comunidades confessionais foram identificados como agentes das potências europeias e executados sumariamente pelos turcos. Os libaneses reconhecem esse momento histórico como outro marco inaugurador do processo de independência do país, e a data da morte de muitos desses líderes confessionais é comemorada como uma celebração de mártires nacionais (6 de maio).

## A PRESENÇA FRANCESA

Durante a Primeira Guerra Mundial, Inglaterra e França firmaram secretamente em 1916 o Acordo Sykes-Picot, um modo diplomático de garantir que as províncias otomanas seriam repartidas entre as duas potências ocidentais aliadas. Assim, a região que hoje compreende o Líbano e a Síria ficou sob o controle da França, o que depois do conflito europeu foi reconhecido pela Liga das Nações. A França passou a exercer uma espécie de poder colonial indireto na região, fazendo com que essa parte do Levante fosse um "protetorado" submetido aos interesses franceses no Oriente Médio. Em 1920, a França proclamou o chamado "Estado do Grande Líbano", recuperando regiões que não faziam parte do antigo Mutassarifato do Monte Líbano. Desse modo, os franceses davam forma ao território atual do país, unindo às montanhas as regiões de Trípoli, ao norte, Sidon e Tiro, ao sul, e Beirute. Essas fronteiras atribuídas ao Líbano eram importantes porque garantiam a autossuficiência alimentar do país. Já em 1919, durante as negociações de paz da Conferência de Paris, o monsenhor maronita Howayyek apresentava aos países europeus um projeto de nação na velha província otomana de maioria cristã.

Nos anos 1920, foram tomadas importantes decisões políticas que influenciaram o Líbano contemporâneo. Houve, em 1922, a formação de um Conselho

Representativo e, em 1926, a adoção de uma Carta Constitucional provisória de tipo liberal inspirada na Constituição francesa de 1875 e na Constituição belga. Esse cenário de integração jurídica e formal das comunidades confessionais libanesas tinha limites muito bem estabelecidos. Entre os maronitas, por exemplo, a comunidade estava dividida em duas forças políticas: o Bloco Nacional, liderado pelo político pró-França Émile Eddé, e o Partido Ad-Dustour, de Bechara al-Khoury (mais aberto ao pan-arabismo cultural, ainda que politicamente nacionalista libanês). A distinção entre esses dois grupos é importante porque está relacionada à condição de subordinação em que o Líbano se colocava em relação à potência mandatária colonial nos artigos da nova Constituição. A partir desse momento, com o amparo da França, o Líbano passou a ser definido como um Estado unitário, supostamente independente, com o árabe como língua oficial e o francês como segunda língua. Além de o novo país reconhecer-se como "independente", mas ainda com a tutela de seu antigo colonizador, o Líbano apresenta outra grande contradição em sua Constituição de 1926: o ordenamento administrativo das comunidades confessionais no jogo político do país "unitário". O debate sobre o equilíbrio de poder entre os grupos religiosos não ficava claro em nenhum dos artigos do texto constitucional. Havia pequenas referências indiretas em certos artigos, mas a defesa do estatuto pessoal do cidadão era mais fortemente mencionada do que os espaços específicos e a atuação política de cada comunidade confessional. De modo explícito, somente o artigo 96, que determinava a divisão das cadeiras do Senado, fazia menção ao direito específico das confissões, mas não era o suficiente.

Ao longo dos últimos anos da década de 1920, muitas alterações foram feitas no texto constitucional, como a união do Senado com a Câmara de Deputados e o fortalecimento do Poder Executivo. Todas as modificações sofridas pela Constituição eram reflexos da grande crise econômica que o país vivia e das disputas pessoais no interior do sistema político libanês. A Constituição de 1926 foi transformada em uma mescla jurídica que expunha a instabilidade política de um país repleto de contradições. Ao final, mesmo com a presença da mão forte da França nas questões políticas do Líbano, o líder ortodoxo grego Charles Debba foi eleito o primeiro presidente nominal libanês, embora soubesse que sua atuação política deveria sempre coincidir com as intenções francesas.

Essas incoerências também estiveram presentes no censo populacional de 1932, considerado um instrumento central para a distribuição do poder no Estado libanês que se adequava às exigências das elites políticas confessionais. A emergência do Líbano contemporâneo seguia o mesmo padrão de outros países pós-coloniais com população de origem étnica diferente, pois, ainda que a composição multiétnica dessas nações fosse retoricamente anulada ou submetida à identidade nacional homogênea, os diferentes interesses dos diversos grupos e seus ressentimentos históricos não poderiam ser anulados por pactos políticos resolvidos a canetadas constitucionais. A legitimidade científica do cálculo demográfico seria um modo de construir um discurso de autoridade que autenticaria o controle político do país pelos maronitas.

O resultado do censo mostra que o Líbano foi sendo construído como uma nação cristã. Não há como duvidar que o censo de 1932 foi uma estratégia legal para transformar os maronitas em maioria populacional, repudiando um passado de submissão ao poder político islâmico. A memória histórica da população cristã libanesa, em especial dos maronitas, não tinha como esquecer a segregação social que viveram até a chegada do imperialismo francês e das reformas administrativas otomanas que reforçaram o sentido de confessionalidade nas comunidades religiosas. Os massacres de meados do século XIX e a perseguição política sofrida por muitos intelectuais nacionalistas cristãos até a independência do país eram questões muito recentes e precisavam ser substituídas por garantias políticas que comprovassem a obrigatoriedade de uma administração efetivamente cristã na região. A construção de um Líbano cristão e ocidentalizado seria a garantia de que o país seguiria a trajetória de sucesso que muitas nações cristãs da Europa tiveram historicamente, e para isso era importante provar que os cristãos eram uma maioria populacional que reivindicava de forma justa o controle político do novo Estado libanês.

A eleição para o cargo de presidente da República, em 1932, ao final do mandato de Charles Debba, instaurou um clima de tensão nos círculos políticos libaneses. Na comunidade maronita, as disputas internas entre Eddé e al-Khoury dividiram os cristãos. Já entre os muçulmanos, que também aspiravam à presidência, os grupos políticos deixaram suas rivalidades e se uniram em torno da candidatura de Muhammad al-Yisr, com apoio de alguns cristãos descontentes. Com medo de que o equilíbrio de poder no Líbano fosse rompido, a Constituição de 1926 foi suspensa por ordem direta do alto-comissário francês Henri Ponsot, em 9 de maio de 1932, e o mandato do presidente Debba foi prolongado por mais um ano. Começava, então, um novo momento na história do Líbano, motivado pelo descontentamento crescente de seus cidadãos diante das decisões consideradas arbitrárias do alto-comissariado francês. A independência concreta do Líbano era uma questão de tempo.

# CHAMPANHE EM BARRIL DE CEDRO: O LÍBANO CONTEMPORÂNEO

## UM BRINDE À INDEPENDÊNCIA

Ainda que as tensões entre o Líbano e a França tivessem crescido até a primeira declaração de independência libanesa em 26 de novembro de 1941, somente a fragilidade progressiva dos franceses durante a Segunda Guerra Mundial permitiu a emancipação efetiva do "país dos cedros". Em 1943, já cansados de esperar pela independência prometida, a Câmara de Deputados libanesa aprovou a emenda constitucional que suprimiu todos os artigos relacionados ao domínio francês. A reação da França foi imediata. O alto-comissário Jean Helleu ordenou a prisão do presidente da República, do chefe de governo e de três dos principais ministros, declarando que as mudanças na Constituição eram inválidas. Como presidente temporário, os franceses nomearam Émile Eddé, um fiel aliado que acreditava na conquista da independência do país de forma negociada com a França. Esse cenário de repressão e autoritarismo levou o Líbano a uma insurreição geral contra os colonizadores, o que permitiu a união de todas as forças políticas em torno de uma causa comum; algo que dificilmente voltaria a acontecer.

A França não teve outra saída senão reconhecer a independência libanesa em 22 de novembro de 1943, assistindo, contra a sua vontade, ao retorno triunfante ao poder de Bechara al-Khoury. O novo clima instaurado no Líbano após sua independência permitiu a formação de um Pacto Nacional em 1943, que estabeleceu a participação de todas as elites políticas no Estado independente e reforçou o sectarismo. A principal consequência do Pacto Nacional foi a sedimentação das identidades confessionais no campo político e o reforço da liderança maronita no país, cuja argumentação já havia sido construída desde o censo de 1932.

Nesse clima de mudança política e rechaço crescente em relação à presença estrangeira no Líbano, a juventude local começou a se organizar politicamente. Entre esses jovens militantes estava Pierre Gemayel, um farmacêutico entusiasta

60 | Os libaneses

do esporte que, em 1936, com 21 anos, foi selecionado para integrar a equipe libanesa de futebol que ia participar dos Jogos Olímpicos de Berlim. O contato de Gemayel com a máquina estatal nazista transformou definitivamente seu modo de compreender a política em seu próprio país, já que a propaganda nazista de 1936 mostrava a Alemanha como uma nação unida e soberana. Depois dos Jogos Olímpicos, Gemayel visitou a Tchecoslováquia observando as atividades do Sokol, uma organização paramilitar da juventude tcheca. Inspirado por esse movimento juvenil de massa, Gemayel voltou ao Líbano e se uniu a outros cinco maronitas desejosos por fundar sua própria organização política de direita. O novo movimento foi chamado de Partido Falangista Libanês ou *Kataib*, em árabe, influenciado pelos falangistas espanhóis que apoiavam o general Francisco Franco.

A primeira ação do Kataib foi em 1937, quando as tensões entre cristãos e muçulmanos no Líbano aumentaram fortemente. Em resposta à "Conferência da Costa", criada por muçulmanos libaneses que queriam a imediata reintegração do Líbano à Síria, Pierre Gemayel ameaçou convocar uma greve geral para que a França garantisse a separação entre o Líbano cristão e a Síria muçulmana. Nesse momento, Gemayel deixou evidente quais eram seus dois principais inimigos políticos: a presença mandatária francesa contrária ao nacionalismo libanês do Kataib e o projeto nacional do Partido Social Nacionalista Sírio, que, liderado pelo grego-ortodoxo Antoun Saade, reivindicava a unificação do Líbano com a Síria.

O nacionalismo libanês do Kataib teve sua doutrina e política nacional desenvolvidas principalmente em artigos panfletários supostamente escritos por Pierre Gemayel entre 1936 e 1947. Esses textos, quando lidos a partir do contexto histórico em que foram produzidos, refletem um projeto de nação libanesa que coincide com a trajetória política própria da comunidade maronita do país, resguardando valores "espirituais" como Deus e a família. Ainda que Gemayel defendesse o Estado laico no Líbano, a necessidade de vincular a figura de Deus e a instituição familiar à nação mostrava o imperativo de se reconhecer a religiosidade como valor nacional e de repudiar que o Líbano devesse se submeter a uma grande nação árabe diversa. Pierre Gemayel não falava diretamente sobre a defesa da liderança dos maronitas na política libanesa, mas deixava evidente alguns sinais de que seu discurso era voltado para uma elite confessional cristã no país. O principal indício desse propósito é a linguagem política utilizada por Gemayel, uma vez que a grande maioria de seus discursos foi publicada em língua francesa, reconhecidamente um idioma controlado pela velha elite colonial, ou seja, por grande parte da comunidade cristã libanesa e por um número menor de intelectuais de origem muçulmana, mas politicamente laicos.

Champanhe em barril de cedro | 61

Adib Ibrahim, 22 nov. 1943

A Praça dos Mártires foi um palco político importante durante o processo de independência do Líbano em 1943. Essa fotografia de Adib Ibrahim reforça o papel das manifestações populares a favor da independência em relação à França.

A bipolarização política entre um Líbano laico governado por uma elite maronita ocidentalizada e uma Síria geográfica predominantemente muçulmana pode ser compreendida como a sobrevivência de questões históricas que afetavam a população local em temas como os direitos e privilégios em relação ao *status* de minoria ou maioria política. O projeto nacional libanês, seja pela experiência histórica dos mutassarifatos, pelo censo demográfico forjado em 1932 ou pelo Pacto Nacional oficializado em 1943, foi uma tentativa original de garantir à comunidade maronita sua condição de maioria político-administrativa, em resposta aos anos de segregação social que permitiram massacres e preconceitos contra os cristãos na região do Líbano. Na linha de frente desse projeto estava o Kataib.

## 62 | Os libaneses

Entretanto, a consolidação da independência do Líbano dependia de uma negociação entre forças políticas rivais que precisavam criar uma base de interesses consensuais para vencer o inimigo em comum: o poder colonial francês. O Pacto Nacional passou a ser visto como o resultado dessa negociação, consolidando o poder das novas elites políticas que participaram do processo de independência: grupos de sunitas das cidades costeiras do país, conduzidos por Riad al-Sulh; e a crescente burguesia maronita, mais alinhada com a liderança histórica de Bechara al-Khoury do que com os anseios grandiosos de Pierre Gemayel. De acordo com o Pacto Nacional, os cristãos passavam a renunciar seu vínculo com as potências ocidentais, especialmente a França, enquanto os muçulmanos renunciavam a qualquer projeto imediato de unir o Líbano à Síria ou a qualquer pan-arabismo que colocasse em risco a existência do Estado libanês independente.

A melhor maneira encontrada para celebrar o sucesso dessa negociação foi a criação de um sistema político que deveria refletir a preponderância social de seus idealizadores. A partir do Pacto Nacional, a presidência da República ficaria a cargo de um membro da elite maronita (nesse caso, Bechara al-Khoury) e a presidência do Conselho de Ministros seria destinada a um integrante da elite muçulmana sunita (nesse caso, o primeiro-ministro Riad al-Sulh). Essa divisão de poderes passou a vigorar no Líbano independente como um acordo de cavalheiros, sem o registro de nenhum documento escrito, já que sequer o Pacto Nacional foi formalizado por meio de um texto público. Com o funcionamento do Estado libanês autônomo, a necessidade de se permanecer fiel à repartição de cargos políticos pelo Pacto Nacional fez com que a presidência do Parlamento fosse destinada a uma terceira elite confessional do país: os muçulmanos xiitas. Mesmo que a proposta de distribuição de cargos políticos por grupos confessionais tentasse equilibrar o peso político de setores distintos da sociedade libanesa, ao destinar as funções políticas mais importantes a maronitas e sunitas, reforçava o domínio desses dois grupos no cerne do Estado libanês recém-construído.

As primeiras crises políticas motivadas pelo Pacto Nacional já puderam ser visíveis poucos anos após a formação do Líbano independente. Em 1952, quando reivindicava seu terceiro mandato, ainda que contrário às regras sucessórias estabelecidas pela Constituição, Bechara al-Khoury tentou manipular o Poder Legislativo para construir uma rede de apoio em favor de sua permanência no poder. A reação de diversos setores da política libanesa foi imediata e Bechara al-Khoury não teve outra saída senão renunciar ao seu cargo em 17 de setembro daquele ano. As tensões em torno das ambições políticas de Bechara al-Khoury, ainda que não tivessem um caráter confessional, instauraram uma competição pública entre os distintos setores da elite política libanesa, gerando um descontentamento generalizado que expunha a fragilidade das instituições públicas do Líbano. Com a renúncia do presidente, o chefe do exército, Fuad Shehab, assumiu provisoriamente o comando do país, até que o Parlamento elegesse um novo presidente da República, o que aconteceu poucos dias depois. A crise de 1952 não tornava evidente o conflito sectário que tanto marcou as análises sobre a debilidade do Estado libanês, mas mostrava que os interesses particulares poderiam ameaçar a estabilidade política do país.

Nesse contexto de turbulência, o Parlamento elegeu Camille Chamoun como novo presidente do Líbano, em uma votação apertada que deu o segundo lugar a Hamid Frangié, ex-ministro de Relações Exteriores do governo anterior. Se durante o mandato de Bechara al-Khoury o Líbano parecia voltar sua política externa para a construção de alianças com os países árabes da região, com a ascensão de Camille Chamoun, essa postura internacional foi substituída por uma aproximação estratégica com duas grandes potências ocidentais no Oriente Médio: Inglaterra e Estados Unidos. Ao mesmo tempo que o Líbano de Chamoun se acercava dos países que compunham o chamado "Pacto de Bagdá" (uma aliança militar assinada em 1955 entre Inglaterra, Irã, Iraque, Paquistão e Turquia), também anunciava clara adesão à Doutrina Eisenhower, que garantia aos Estados Unidos amparar países supostamente anticomunistas por meio de auxílio militar e econômico. A escolha de Chamoun por uma reviravolta na política externa do Líbano não se relacionava com o perigo de um aumento da influência soviética no país em plena Guerra Fria, mas estava mais diretamente conectada com a necessidade de se conter a expansão do pan-arabismo liderado pelo general e presidente egípcio Gamal Abdel Nasser, que defendia a supremacia do naciona-

*Retrato oficial da presidência do Líbano, c. 1952*

Camille Chamoun, um dos presidentes mais controvertidos da história contemporânea do Líbano. Ao longo de seu mandato o país viveu um período de crise que culminaria, anos mais tarde, na Guerra Civil Libanesa.

64 | Os libaneses

lismo árabe em detrimento da divisão do Oriente Médio em Estados nacionais autônomos como o Líbano recém-independente.

O maior desafio para Camille Chamoun era conter o largo alcance da retórica pan-arabista de Nasser, que crescia vertiginosamente no interior da opinião pública libanesa, principalmente nas comunidades muçulmanas e entre os cristãos que viam com maus olhos a aproximação do Líbano com os Estados Unidos. A postura anti-Nasser de Chamoun fez com que parte considerável da população libanesa cultivasse certo descontentamento com seu presidente. As tensões ficaram ainda mais latentes quando, em 8 de maio de 1958, o jornalista pan-arabista e defensor das ideias nasseristas, Nacib Metni, foi assassinado. As acusações sobre a morte de Metni recaíram sobre os Estados Unidos, e, consequentemente, em Camille Chamoun. A resposta dos grupos políticos libaneses contrários a Chamoun foi automática. Kamal Jumblatt, líder da comunidade drusa no Líbano e fundador do Partido Socialista Progressista, conduziu, ao lado de líderes sunitas e do próprio patriarca da Igreja Maronita, Boulos Boutros el-Meouchi, uma revolta popular que ameaçou novamente a estabilidade política do país.

Para poder concluir o seu mandato, Camille Chamoun acionou os Estados Unidos por meio da Doutrina Eisenhower, o que fez com que os norte-americanos enviassem seu corpo de fuzileiros navais para Beirute, sufocando as rebeliões. Nas eleições subsequentes, o Parlamento elegeu Fuad Shehab, que voltava ao comando do Estado libanês, mas agora por meio de um processo eleitoral legítimo. Enquanto o mundo vivia o ápice da Guerra Fria entre dois modelos ideológicos defendidos por União Soviética e Estados Unidos, o Oriente Médio, e especialmente o Líbano, vivia uma espécie de conflito bipolar particular entre o pan-arabismo e o nacionalismo local, o que aguçava as incoerências do seu Pacto Nacional e propunha novos desafios ao país dos cedros.

## ANOS GLORIOSOS: A SUÍÇA DO ORIENTE

Após uma sequência conturbada de governos incapazes de manter a coesão social do povo libanês, Fuad Shehab assumiu a presidência com o objetivo de criar instituições políticas e sociais sólidas em um país ainda ideologicamente dividido. A implantação de um programa de reformas para a reconstrução do Líbano pós-independência era o grande trunfo de Shehab, que prometia fortalecer a solidariedade social e as estruturas de poder do Estado libanês. Era preciso coordenar ações que promovessem a diminuição das desigualdades sociais entre as diferentes regiões do país, a expansão de serviços básicos do Estado, como saneamento e eletricidade, o crescimento da rede de ensino público, com o fortalecimento do próprio Estado nacional por meio da criação de grandes instituições como o Banco Central Libanês, o Ministério do Planejamento, o Conselho Executivo de Obras Públicas para todo o Líbano e um Conselho como esse apenas para a cidade de Beirute.

As mudanças trazidas pela administração de Shehab permitiram o nascimento de uma modernidade econômica no país. Pela primeira vez em sua história, o Líbano era pensado e construído como um projeto nacional que incorporava todos os cidadãos ao seu plano econômico e social. O projeto de Shehab não se afirmava pela vinculação imediata com as forças políticas externas que disputavam, no âmbito regional e internacional, cada parte do Oriente Médio como área de influência. A política econômica e social vivida pelo Líbano nesse momento voltava-se para o fortalecimento de suas frágeis instituições, conferindo ao Estado o papel de promotor da unidade nacional.

Entretanto, o projeto de Shehab legou a questão política do Líbano a um segundo plano. Para que os problemas causados pelas disputas políticas entre as elites familiares e confessionais não atingissem as conquistas sociais e econômicas do seu governo, Shehab não apresentou nenhuma ação de governo expressiva voltada para a diminuição do poder das elites confessionais na ordem pública. A distribuição de cargos políticos por cotas confessionais não foi alterada, mantendo a estrutura jurídica do país dividida. O que se observa, portanto, é que durante os anos de Shehab no poder, não somente o confessionalismo político no Líbano não foi alterado, como também houve um reforço das divisões jurídicas comunitárias com a manutenção e criação de leis que atribuíam autoridade política a líderes confessionais libaneses. Assim, enquanto a prosperidade econômica ganhava espaço no país, uma série de leis reforçava a autonomia jurídica de cada grupo étnico-religioso, fazendo com que cada libanês fosse julgado pela ordem jurídica dos notáveis de sua comunidade confessional, diminuindo o peso e a presença do Estado na vida de seus cidadãos.

Aos olhos do mundo, as questões comunitárias do Líbano não podiam manchar a imagem de prosperidade e modernidade de um país cravado em uma região repleta de tensões geopolíticas. A indústria libanesa crescia, o turismo aumentava vertiginosamente e a ocidentalização dos costumes parecia algo mais do que uma moda passageira. Os cafés de Beirute davam o tom charmoso de uma exótica Paris mediterrânea. Não por acaso, o país se transformou em uma zona franca comercial e bancária reconhecida internacionalmente. O símbolo maior desse período é a abertura do *Casino du Liban*, em 1959, nas proximidades da cidade libanesa de Jounieh. A ideia de um país ocidentalizado e aberto ao turismo do entretenimento com restaurantes, teatro e vida noturna era atrativa aos negócios, possibilitando a representação do Líbano como um oásis de prosperidade capaz de congregar estilos de vida diferentes.

A imagem cosmopolita do Líbano contrastava com a dependência cada vez maior do país em relação ao papel de liderança de figuras religiosas no interior das estruturas legais de cada comunidade confessional. Essa disparidade ficou ainda mais evidente quando a comunidade xiita nomeou o imã Musa al-Sadr para a chefia do Conselho Superior Islâmico. Musa al-Sadr era originalmente iraniano e sua ascensão às esferas de poder da comunidade xiita libanesa foi vista por distintos setores da sociedade local como uma interferência estrangeira com o propósito de frear o desenvolvimento do pan-arabismo laico no país. Em linhas gerais, a visão de que o Líbano era a "Suíça do Oriente" não se adequava muito bem ao reconhecimento do poder político de autoridades religiosas como Musa al-Sadr e da manutenção de um sistema eleitoral baseado na distribuição demográfica confessional dos cidadãos libaneses, o que reforçava a influência da elite tradicional em um Estado pretensamente liberal do ponto de vista econômico e cultural.

A incompatibilidade entre o projeto de nação de Shehab e a estrutura sectária do cotidiano político do Líbano passou a ser vista com desconfiança por setores das Forças Armadas do país leais à junção do Líbano com a Síria. Em 1961, após contornar uma tentativa de golpe militar liderada por oficiais pró-Síria, Fuad Shehab abandonou a ideia de renovar seu período presidencial e retirou-se da vida política ao cumprir seu mandato em 1964. O que se seguiu ao fim do governo de Shehab foi o desmantelamento do Estado libanês e a ascensão paulatina das elites confessionais à política nacional. Essa mudança de rumo ficou clara quando, em 1969, o Líbano assinou secretamente os Acordos do Cairo, que conferiam o direito de cidadania ao movimento palestino armado chefiado por Yasser Arafat.

A legalização da ação palestina em solo libanês fez com que as tensões internas entre os grupos confessionais do país crescessem nos anos seguintes, motivadas, sobretudo, pelo apoio e rejeição que os diferentes grupos políticos do Líbano mantinham em relação à presença e atuação da Organização para Libertação da Palestina (OLP) em seu território. Os anos seguintes foram marcados por um enfrentamento contínuo entre presidentes da República (cristãos maronitas) e primeiros-ministros (muçulmanos sunitas), criando um Estado libanês enfraquecido por uma crise interna de comando. Os anos 1970 assistiram a um enfraquecimento constante das forças políticas maronitas, cada vez mais consideradas ilegítimas pela nova composição demográfica do país, caracterizada pela atuação de uma classe média muçulmana sunita e xiita barulhenta e radicalizada politicamente em torno da Questão Palestina.

A resposta da sociedade civil libanesa a essa crise política foi o aumento de grupos armados organizados a partir de critérios confessionais. Nesse contexto, o Kataib, por exemplo, voltou a ter uma importância crescente no país, principalmente por apresentar-se como o defensor de toda a comunidade cristã libanesa e de um Estado nacional forte, unido, antipalestino e ocidentalizado. Ao mesmo tempo, Kamal Jumblatt e outros líderes comunitários começaram a adotar um tom mais agressivo em seus discursos, não economizando nas críticas aos presidentes libaneses maronitas e convencendo os membros de suas comunidades a se radicalizarem. Os presidentes libaneses que sucederam Fuad Shehab (notadamente, Charles Helou entre 1964 e 1970, Suleiman Frangié entre 1970 e 1976 e Elias Sarkis entre 1976 e 1982) pioraram ainda mais a radicalização do comunitarismo no Líbano ao se mostrarem inaptos para conter o aumento do peso político e militar dos palestinos no país.

Mural em Beirute com imagem de Pelé vestindo a camisa do clube Nejmeh SC. O time foi o anfitrião da grande festa que a presença do Rei do Futebol gerou no país em 1975. Acredita-se que sua ida ao Líbano naquele momento teria atrasado o início da Guerra Civil.

68 | Os libaneses

Entretanto, a simplificação da tensão política entre cristãos pró-Ocidente e muçulmanos pró-Palestina não parece ser uma chave explicativa satisfatória para os problemas que abalaram a estabilidade do Estado local. Muitos muçulmanos também viam com maus olhos a chegada dos palestinos e muitos cristãos se recusavam a apoiar a formação das milícias maronitas. Por trás de toda a questão política estava o fracasso do Pacto Nacional e os limites do projeto nacional libanês moderno e ocidentalizado. As eleições parlamentares de 1972 refletiam a complexidade do dilema vivido pelo Líbano ao consagrar a vitória política a partidos locais de orientação laica, reduzindo a participação do Kataib a apenas 5 cadeiras do novo Parlamento e levando muitos partidos muçulmanos sunitas à derrota e ao desaparecimento políticos.

O ano de 1975 marcou o início do caos nas esferas de poder do frágil Estado libanês. As animosidades entre os jovens libaneses pró-Ocidente e os pró-Palestina cresciam à revelia de ações diplomáticas que tentavam retardar ou impedir um conflito armado generalizado no país. Uma dessas ações foi a realização de uma partida de futebol amistosa em que o jogador brasileiro Edson Arantes do Nascimento, o Pelé, jogou ao lado do time libanês Nejmeh Sporting Club. A notícia da chegada do Rei do Futebol ao país serviu como uma trégua aos grupos armados que disputavam o poder no Líbano. Há quem diga que os enfrentamentos paramilitares que levaram o Líbano a uma sangrenta guerra civil somente começaram alguns dias depois da partida protagonizada por Pelé. Mitos à parte, a passagem do jogador brasileiro por Beirute não foi suficiente para reduzir as tensões entre os grupos armados do país. Nesse sentido, o ano de 1975 representou o fim da Suíça do Oriente e a sensação de que se a guerra poderia esperar a saída de Pelé do Líbano, não havia como torcer pelo fim da crise política que marcaria a sociedade civil libanesa nos anos seguintes.

## ANOS DOLOROSOS: A GUERRA CIVIL

Antes de começar a descrição dos episódios dramáticos da Guerra Civil Libanesa, faz-se necessário tomar alguns cuidados. Muitas feridas abertas durante esse processo ainda não foram cicatrizadas no Líbano. Por mais cuidadoso que este texto seja com cada parte envolvida no conflito, jamais seria possível trazer todos os atores, vítimas e impactos humanitários dessa crise para a discussão. Nesse caso, mais do que a compreensão do leitor, reivindico o desejo de contar com o respeito que se deve ter com as vítimas que sobreviveram a esse processo. À medida que diferentes grupos possam ser responsabilizados por algum ato de guerra ao longo do texto, que estas linhas não sejam tomadas como uma simples atribuição de culpabilidade ou provocação, mas que prevaleça a ideia de que, em uma guerra civil sangrenta, muitos podem ser vítimas e muitos podem ser algozes.

A lista de fatores que dividiam politicamente a sociedade civil libanesa em 1975 era gigantesca, porém não há dúvidas de que a Questão Palestina, as animosidades entre posições de "esquerda" e de "direita" no Líbano da Guerra Fria e o fracasso do Pacto Nacional compunham o núcleo das hostilidades. Se o Líbano estava preparado para o confronto, a gestão da crise passava a ser conduzida por atores externos, e os primeiros protagonistas do conflito foram a Síria e a Arábia Saudita. Em um primeiro momento, já nos idos de 1976, a Liga dos Estados Árabes enviou um contingente militar denominado "Força Árabe de Dissuasão", que pretendia atuar como um fator de contenção dos enfrentamentos entre grupos libaneses. A maior parte desse efetivo militar vinha da Síria, o que já configurava um reconhecimento da liderança do governo de Damasco no cenário libanês. Com a chegada das eleições de 1976, os atores regionais que almejavam o protagonismo internacional a partir da crise libanesa não contiveram o ímpeto de interferir na escolha do novo presidente do país. Mesmo que a maioria dos deputados apoiasse a candidatura de Raymond Eddé, o político eleito foi Elias Sarkis, o preferido da Síria para o cargo.

Ainda em 1976, houve a instalação de uma "linha vermelha" entre a Síria e Israel, o que não passou de um acordo entre ambos os países que conferia o controle do leste e do norte do Líbano à Síria, garantindo uma distância segura dos sírios para Israel. A mediação dessa negociação foi conduzida pelos Estados Unidos, e assegurava a credibilidade necessária ao acordo para a opinião pública internacional. Esse cenário formado pela eleição de um novo presidente com aval sírio, por um acordo entre os incômodos vizinhos libaneses, e pela observação complacente dos sauditas, soou como um sopro de estabilidade no caos do Líbano, mas parece evidente que a contenção de uma crise interna com tamanho controle externo seria um fiasco mais do que previsível.

Nos anos seguintes, especialmente em 1978, quando Israel conseguiu negociar a paz com o Egito de Anuar Sadat sob os auspícios do presidente norte-americano Jimmy Carter em Camp David (residência de verão), a política israelense para a região passou a contar com a possibilidade de se construir um processo de paz também com os libaneses, mesmo que eles estivessem matando a si mesmos. A opção de Israel parecia ser a de encontrar um grupo libanês propenso à negociação, e, para o governo de Menachem Begin, os aliados em potencial eram os maronitas do Kataib, liderados por Bashir Gemayel, o filho mais novo do fundador do partido,

A morte do recém-eleito presidente do Líbano Bashir Gemayel em 1982 deu início a um dos momentos mais sangrentos da Guerra Civil vivida pelo país entre 1975 e 1990. Imagens dele ainda estão presentes em algumas áreas do território libanês até hoje.

Pierre Gemayel. Se o argumento de defesa dos cristãos locais serviu para o aumento da influência francesa no Líbano pós-Império Otomano, poderia agora ser usado para inserir Israel no jogo político da crise libanesa. Esse argumento agradava aos Estados Unidos, aos cristãos europeus e ao anticomunismo latente do período. As consequências da aproximação entre Israel e o Kataib foram catastróficas, com o agravamento das ações militares contra civis no Líbano. A Síria, sentindo-se traída pelos maronitas, bombardeou os bairros cristãos de Beirute, a cidade de Zahle (de maioria cristã) no Vale do Bekaa, e instalou bases de lançamento de mísseis nas montanhas dessa mesma região, o que foi entendido como uma provocação e uma ameaça pelos israelenses.

Nesse contexto, já no ano de 1982, a Guerra Civil Libanesa entrou em sua fase mais sangrenta, iniciada com uma invasão israelense que se justificava como uma ação defensiva para conter os ataques dos palestinos da OLP contra o território de Israel. Essa incursão militar foi batizada de Operação Paz na Galileia, e foi efetivada a partir de um longo cerco a Beirute com bombardeios contínuos à cidade entre os meses de junho e agosto de 1982. No dia 23 desse mesmo mês, Bashir Gemayel foi eleito presidente da República, o que acalmou os ânimos das potências ocidentais em relação ao Líbano, e foi acompanhado de um processo de saída dos dirigentes palestinos do território libanês. Oito dias após sua eleição, Bashir Gemayel viajou até a cidade israelense de Nahariya para encontrar-se com Menachem Begin. Nesse encontro, o *premier* israelense exigiu que seu aliado libanês se comprometesse a assinar um tratado de paz com Israel logo após a sua posse, em troca de apoio incondicional ao braço paramilitar maronita chefiado por Bashir Gemayel, chamado de Forças Libanesas. Caso o Líbano não aderisse ao tratado de paz, o exército israelense permaneceria no sul do país. Existem muitas versões para descrever a reação de Bashir Gemayel diante dessa proposta. O que se sabe é que o presidente libanês se recusou a se comprometer com a assinatura do tratado, já que não havia consenso nacional para a tomada de uma decisão tão marcante. As diferenças entre os aliados de outrora pareciam insuperáveis. Quase duas semanas após o encontro com Begin, Bashir Gemayel sofreu um atentado enquanto se reunia com correligionários na sede do Kataib, no bairro de Achrafieh, em Beirute. A invasão israelense e a morte do novo presidente fizeram do ano de 1982 o início do período mais devastador da Guerra Civil Libanesa.

À medida que a notícia da morte de Bashir Gemayel ganhava as ruas, as suspeitas sobre a execução do atentado eram direcionadas aos dois atores externos mais atuantes no conflito: Israel e Síria. Para o governo de Tel Aviv, o recém-eleito presidente tinha se mostrado um aliado questionável. Ele soube usar a aliança com Israel a seu favor e se recusou a dar a principal contrapartida que se esperava. Para o governo de Damasco, Bashir Gemayel tinha se aproximado demais dos israelenses, e isso não poderia ser um bom sinal para os futuros planos da Síria no Líbano. No meio dessa suspeita, os palestinos que ainda permaneciam no país também eram um grupo interessado na desestabilização do Líbano e na morte de um dos seus líderes mais contrários à ação palestina nesse território. Como a corda sempre arrebenta do lado mais fraco, os palestinos foram os que pagaram o preço mais alto pelo atentado.

No dia 15 de setembro de 1982, setores radicais do Kataib, com apoio israelense, entraram nos campos de refugiados palestinos de Sabra e Chatila, promovendo uma matança generalizada que contabilizou mais de dois mil mortos, a maioria mulheres, crianças, jovens e idosos. O comandante das operações israelenses no Líbano, o general Ariel Sharon, jamais assumiu a participação de seus homens no massacre.

A partir desse momento, a Guerra Civil Libanesa transformou-se na imagem da barbárie em todos os veículos de comunicação internacionais que tiveram acesso aos campos de refugiados atacados. O discurso jornalístico sobre o conflito no Líbano reforçava a ideia de que o país e toda a região do Oriente Médio eram o espaço da violência irracional. Novamente, o território libanês era o palco da luta

## 72 | Os libaneses

sectária que refletia algo muito além do simples interesse de se determinar qual era o projeto de nação vitorioso no Líbano. As manchetes dos jornais retratavam a falsa retórica de que muçulmanos e cristãos defendiam civilizações rivais totalmente incompatíveis, ainda que parecesse óbvio que o Kataib não era uma unanimidade entre os maronitas, que os maronitas não expressavam o sentimento de todos os cristãos libaneses e que a defesa da causa dos palestinos não era a agenda política prioritária da comunidade árabe-islâmica do Líbano.

No dia 21 de setembro de 1982, Amin Gemayel, irmão do presidente assassinado, foi eleito quase que por unanimidade dos votos do Parlamento como presidente da República do Líbano. A oposição à ascensão política de Amin Gemayel era sentida muito mais fortemente nas ruas do país. A organização paramilitar nasserista Mourabitun e o ex-presidente maronita Suleiman Frangié, ao contrário de todas as especulações que defendiam a condição sectária do conflito libanês, firmaram um acordo de resistência ao novo presidente eleito, que depois contou com o apoio de outras figuras políticas importantes do país como Rashid Karami e Walid Jumblatt, filho do líder druso Kamal Jumblatt, assassinado em 1977.

A legitimidade política de Amin Gemayel era constantemente discutida principalmente pelo fato de que sua autoridade sobre o Líbano era perceptível em não mais que 20% do território nacional, dividindo o controle do país com tropas sírias e israelenses, sendo que esses últimos já haviam se retirado de Beirute e recuado em direção ao sul. Esse cenário de flagrante desarticulação das forças políticas libanesas levou a ONU a enviar uma expedição militar ao país comandada por Estados Unidos e França, com o intuito de proteger os civis locais independentemente de suas origens confessionais. Enquanto na região de Chouf, litoral centro-sul do Líbano, Walid Jumblatt enfrentava os milicianos do Kataib, as terras mais ao sul do país viviam o aumento da ação armada xiita nas áreas sob controle israelense. Nesse contexto nasceu a milícia Hezbollah, com forte apoio do governo iraniano.

As condições para a formação do Hezbollah já haviam sido reunidas. O fracasso político e militar dos movimentos nacionalistas de esquerda no Oriente Médio, a ascensão do ativismo político islâmico após a derrota dos árabes contra Israel na Guerra dos Seis Dias de 1967, a vitória da República Islâmica do Irã em 1979 e o sucesso da resistência local à presença do exército israelense no sul do Líbano combinavam fatores externos e internos para a bem-sucedida formação do Hezbollah nas regiões libanesas em que a população xiita se sentia fragilizada, principalmente nos arredores de Beirute, nas terras do Vale do Bekaa, e no sul do país sob o humilhante domínio de Israel. Onde as ações sociais do Estado libanês não estavam presentes, o Hezbollah angariou a simpatia da população local não apenas pela eficiência de seu braço armado, mas também por uma rede de escolas, de hospitais e de órgãos de apoio a libaneses diretamente atingidos pelo conflito.

A primeira ação militar de grande envergadura conduzida pelo Hezbollah ocorreu em 22 de outubro de 1983, quando um caminhão repleto de explosivos atingiu a Embaixada dos Estados Unidos em Beirute, matando 200 soldados que ali se encontravam. A segunda maior força xiita libanesa da Guerra Civil, o Amal, liderado por Nabih Berri, se beneficiou da atenção que os diversos grupos armados deram às ações do Hezbollah e, após a saída dos soldados estrangeiros, passou a controlar a região de Beirute Ocidental. Com o aumento do poder militar e político dos xiitas na Guerra Civil Libanesa, o Irã ganhou certo protagonismo no jogo político libanês que se mantém até os dias atuais.

A partir de então, o Líbano se transformou em um campo de batalha aberto entre diferentes grupos armados que tentavam sobrepor sua influência a uma parcela cada vez maior do território local. Do ponto de vista político, o ex-primeiro-ministro Rashid Karami voltou a ocupar o cargo em abril de 1984, formando um Conselho de Ministros composto pelos principais chefes de milícia do país. Durante o governo de Karami, o Líbano oficializou sua condição de país dividido em zonas confessionais conflitantes. A nova onda de violência instaurada por essa circunstância permitiu que as tropas do exército sírio ganhassem legitimidade internacional para ser uma força de proteção aos civis vitimados por esses embates. Em junho do mesmo ano, Rashid Karami foi assassinado e substituído por um mandato provisório ocupado por Salim Hoss, um tecnocrata sem grandes habilidades políticas. A fragilidade do Estado libanês ficou mais evidente quando, nesse momento, o país passou a viver dividido por dois governos distintos e rivais. O motor dessa crise foi a vontade da Síria de impor um presidente aliado, enquanto o general libanês Michel Aoun declarava uma campanha contra a ingerência síria nas questões políticas do Líbano. Ao sair da presidência em setembro de 1988, Amin Gemayel instaurou um governo composto por cinco militares, sendo dois cristãos e três muçulmanos, sob a presidência de Michel Aoun. Os três militares muçulmanos rejeitaram a nomeação, e os dois cristãos se proclamaram a autoridade legal libanesa com Michel Aoun na presidência. Esse processo durou aproximadamente um ano e meio e foi acompanhado da entrada do Iraque no jogo político libanês ao lado de Aoun, para se firmar como uma opção de liderança regional anti-Síria no Oriente Médio.

Porém, em maio de 1989, uma reunião de chefes de Estado árabes realizada em Casablanca, no Marrocos, teve seu início com uma troca de acusações entre Síria e Iraque, e acabou com um desfecho surpreendente consolidado a partir de uma nota da Liga dos Estados Árabes, publicada no dia 31 de julho. Nesse documento, os membros dessa organização internacional condenaram o alto grau de interferência da Síria no Líbano e forçaram o governo de Damasco a apresentar condições realistas para a abertura de negociações de paz no conflito libanês. As reivindicações sírias foram: a) a necessidade de reconciliação entre os grupos armados do Líbano, ou seja, o Amal (de influência síria), o Hezbollah (de influência iraniana) e as Forças Libanesas (de influência israelense); e b) a formação de um governo de unidade nacional com "relações privilegiadas" com a Síria.

Para Michel Aoun, as condições sírias eram inegociáveis. Já para Estados Unidos e Arábia Saudita, parecia mais plausível deixar de lado o general libanês com sua intransigência e negociar o fim da Guerra Civil com um ator externo que, além de estar presente em todos os momentos do conflito, não era tão ameaçador como o Irã nem tão abjeto aos árabes como Israel. A partir dessa base consensual entre as potências regionais e internacionais que atuavam no conflito, líderes políticos parlamentares do Líbano se reuniram na cidade saudita de Taif e celebraram um acordo de paz. Era fato que os problemas causadores da fragmentação da sociedade civil libanesa não tinham sido resolvidos, mas o esgotamento da população local e a necessidade de se colocar um fim no ciclo de violência que se instaurou no Líbano fizeram com que os Acordos de Taif fossem o primeiro passo para a pacificação total do país. Na longa caminhada rumo à estabilização do Líbano, era preciso colocar um pé na frente do outro.

## A PAZ EM PEQUENOS TRAGOS

A grande negociação para o fim da Guerra Civil Libanesa pressupôs uma revisão histórica da formação política da República pós-independência. A base dos Acordos de Taif foi a reconfiguração do Pacto Nacional de 1943, alterando as proporções de representatividade política entre os grupos confessionais no interior do Estado. As novas regras do jogo político libanês eram: a) Diminuição de poderes do presidente, em favor do primeiro-ministro e do chefe do Parlamento; b) Divisão igualitária das cadeiras do Parlamento entre cristãos e muçulmanos; e c) Distribuição paritária dos ministérios para todos os grupos confessionais do país (o que antes privilegiava maronitas e sunitas). Em linhas gerais, as mudanças do acordo pretendiam reduzir a influência do sectarismo de forma gradual, como um objetivo a ser alcançado a médio e longo prazos.

Atrelado ao novo cenário político, também se defendiam o desarmamento das milícias que participaram da Guerra Civil, o recuo da força militar síria no Líbano para a região de fronteira entre os dois países, no Vale do Bekaa, com posterior retirada de todos os seus soldados, além da saída imediata das tropas israelenses do sul do país. Do ponto de vista prático, os Acordos de Taif não apresentavam uma solução definitiva para o conflito no Líbano, mas reforçavam o papel de um dos maiores fatores de desestabilização da política libanesa: a interferência da Síria. A situação privilegiada dos sírios em relação ao Líbano foi vendida como um remédio para a crise libanesa, mas o gosto desse antídoto começava a trazer um sabor amargo para alguns cidadãos locais.

Ainda no campo político, a permanência de Michel Aoun no poder ficou insustentável, já que era preciso diminuir a tensão nas esferas de poder do país com a formação de um governo de unidade nacional. Em pouco tempo, Aoun perdeu o apoio internacional dos atores externos anti-Síria, sofreu uma derrota militar expressiva diante dos sírios e passou a viver exilado na França até seu retorno à cena política libanesa anos depois, em 2005.

Enquanto a rearticulação política do Líbano se desenrolava, um plano de reconstrução da estrutura do país entrou em execução a partir de 1991 com a criação do Conselho para o Desenvolvimento e Reconstrução (um velho projeto abortado em 1977). A prioridade desse órgão era a reelaboração da infraestrutura nacional para a retomada do crescimento econômico do Líbano, com a predominância de capitais estrangeiros na composição orçamentária dessa reconstrução. A partir dessa base, a economia libanesa recobraria seu fôlego para financiar, com seus próprios fundos, a exploração dinâmica dos recursos nacionais. O planejamento de reconstrução do Líbano, com declarada simpatia ao investimento internacional, soou como uma grande oportunidade de negócio para os países exportadores de petróleo do Oriente Médio, especialmente a Arábia Saudita e os Emirados Árabes Unidos. O foco da aplicação desse capital estrangeiro foi a reconstrução imobiliária de Beirute, e foi nesse contexto que em 1994 fundou-se a Société Libanaise pour le Développement et la Reconstruction (Sociedade Libanesa para o Desenvolvimento e a Reconstrução), referida pela sigla SOLIDERE. Tratava-se de uma sociedade anônima libanesa liderada por Rafiq Hariri, um rico homem de negócios reconhecidamente ligado à Arábia Saudita e, não por acaso, primeiro-ministro do país no momento da criação da SOLIDERE (ver capítulo "Aquarela libanesa: as artes no Líbano").

Nesse mesmo período, o panorama político do Líbano foi alterado com o aumento da força parlamentar do Hezbollah e do Amal, ao mesmo tempo que Rafiq Hariri despontava como uma nova liderança sunita à frente do Conselho de Ministros. As ações do novo governo se concentravam na reafirmação do país como novo centro turístico para os ricos cidadãos do Golfo Pérsico. Em contrapartida, o Líbano voltou a viver uma situação de tensão com a volta dos assassinatos políticos em meados dos anos 1990. As principais vítimas foram os civis xiitas e maronitas, como Dany Chamoun, Rashid Karami e Elias al-Zayek, mortos em atentados

76 | Os libaneses

atribuídos a Samir Geagea, um antigo líder das Forças Libanesas condenado posteriormente a quatro prisões perpétuas e anistiado em 2005.

Nas eleições de 1996, o Parlamento foi formado com ampla maioria favorável ao grupo político de Rafiq Hariri. As eleições contaram com um grande número de abstenções, de acusações de corrupção, e com o boicote de importantes movimentos maronitas, dentre eles os partidários de Aoun e das famílias Chamoun e Gemayel. Para completar o clima de tensão, o exército israelense deu início à Operação Vinhas da Ira, em um esforço rápido de aniquilar o poder de fogo do Hezbollah, atacando partes de Beirute e atingindo o abrigo da chamada Força Interina das Nações Unidas no Líbano (FINUL), na cidade de Qana. Além disso, a Marinha de Israel promoveu um bloqueio aos portos libaneses de Beirute, Sidon e Tiro, alegando tratar-se de uma ação estratégica para cortar o fornecimento de armas do Hezbollah. A ação militar israelense não só fracassou na tentativa de esmagar o grupo xiita rival, como também agravou o estado de conflito na região. A única mudança ocorrida pela instauração desse cenário foi a retirada das tropas israelenses do sul do Líbano em março de 2000, no governo de Ehud Barak. Ainda que o exército israelense tenha saído dessa região, uma parte do território libanês na tríplice fronteira entre Líbano, Israel e Síria continua sob ocupação militar. As chamadas "Fazendas de Shebaa", com aproximadamente 35 km$^2$, são um importante ponto estratégico entre os três países, e a permanência do domínio israelense nessa porção de terra deixa a retirada do exército no ano 2000 incompleta.

Após a saída dos israelenses de parte do Líbano, os anos seguintes foram marcados pelo aumento de um movimento político dentro do país que pedia a retirada das tropas sírias. Os clamores pelo fim das intervenções estrangeiras tomaram as ruas libanesas, primeiramente na região de Chouf, e em seguida ampliando-se até Beirute. Vários líderes políticos como Walid Jumblatt, a família Gemayel e Rafiq Hariri engrossaram as vozes populares. Até mesmo os maronitas que viviam na diáspora havia décadas firmaram sua posição contrária à presença síria no Líbano. Entre negociações acaloradas, divisão da sociedade civil e dos políticos libaneses em apoio ou oposição aos sírios e pressões internacionais, o país voltou a viver uma atmosfera de conflito que culminou na demissão do primeiro-ministro Rafiq Hariri e no enfrentamento entre ele e o presidente pró-Síria Emile Lahoud, que tentava mais uma renovação de seu mandato. O aumento da crise foi acompanhado pela Resolução 1559, aprovada pelo Conselho de Segurança da ONU em setembro de 2004, que exigia o fim da ocupação síria e o desarmamento do Hezbollah e dos refugiados palestinos no Líbano.

No dia 14 de fevereiro de 2005, o mundo foi surpreendido pelas imagens de um atentado a bomba com grande quantidade de explosivos em uma das áreas

Champanhe em barril de cedro | 77

*Elie Ghobeira (CC BY-SA 3.0), 14 mar. 2005*

A chamada Revolução dos Cedros, em 2005, precipitou a saída das tropas sírias do território libanês. Com grande participação popular, esse movimento político tomou as ruas de Beirute em um momento-chave de sua história recente.

mais nobres de Beirute. O número de mortos chegou a 21, e entre eles estava Rafiq Hariri. As conjecturas em torno da responsabilidade sobre o atentado colocaram o Líbano novamente em evidência na imprensa internacional. Enquanto a Síria e o Irã acusavam Israel pelo atentado, a população libanesa tomava as ruas exigindo a saída das tropas sírias. Essas manifestações que sucederam à morte de Hariri ficaram conhecidas como a Revolução dos Cedros e tiveram como resultado a saída do exercito sírio no dia 27 de abril.

Durante os últimos dez anos, a estabilidade política e econômica tão necessária ao Líbano ainda é um sonho a ser conquistado. Os próximos capítulos tocarão pontualmente em algumas das principais questões que envolveram e seguem envolvendo a sociedade civil libanesa em sua luta pela paz. É chegada a hora de mostrar que mesmo que as feridas da Guerra Civil e dos atentados políticos ainda sejam um fantasma que assombra os libaneses, outros problemas e até mesmo alegrias virão, como em qualquer país do mundo.

# A GEOGRAFIA DA ALGAZARRA

## UMA MONTANHA DE PROBLEMAS EM UM DESERTO DE SOLUÇÕES

Nos capítulos anteriores viu-se que a história singular do Líbano é marcada por profundos contrastes. As imagens positivas de um país construído como espelho do projeto civilizador europeu se confundem com as consequências mais nefastas desse mesmo discurso modernizador: violência, segregação e desigualdade social. Ao lado de sua história excêntrica, o Líbano possui um conjunto de características geográficas peculiares em comparação com os demais países do Oriente Médio, e os registros sobre o espanto dessa combinação inusitada entre história e geografia são abundantes. Dos textos bíblicos mais antigos aos relatos de viagem contemporâneos, o território do Líbano atual foi descrito pela exuberância natural que contrasta com as guerras encenadas pela geopolítica do século XX.

Em geral, a composição física do Líbano é formada por quatro importantes unidades topográficas com características tão distintas que garantem a esse diminuto país uma geografia complexa e emaranhada. Ao se partir do litoral oeste para a fronteira oriental, a primeira região que se destaca é a faixa costeira, que abriga os principais centros populacionais libaneses em uma área estreita. Voltada econômica e culturalmente para o Mediterrâneo, a costa libanesa é composta por pequenas planícies separadas por linhas rochosas que avançam em direção ao mar, desde o extremo norte em Akkar até a área de An-Naqoura, quase fronteira com Israel.

A segunda região geográfica do país é o chamado Monte Líbano: uma cordilheira de rochas calcárias que para os libaneses representa a espinha dorsal da nação. Historicamente, o Líbano moderno nasce dessa área, já que serviu de refúgio para grupos confessionais que se sentiam perseguidos pelas autoridades dos impérios invasores. É nas paredes rochosas do Monte Líbano que se encontra o pico mais alto do país, Qurnat as-Sawda, com aproximadamente 3.090 metros de altitude. A proximidade com o mar fez com que essa cadeia rochosa fosse cortada por diversos rios, criando desfiladeiros com quedas-d'água que encantam os turistas. Além disso,

80 | Os libaneses

o isolamento geográfico dessas gargantas rochosas permitiu que especialmente em uma parte das terras do Monte Líbano houvesse a concentração de construções religiosas cristãs maronitas, tais como os mosteiros de Qannubin, Santo Antônio de Quzhaya, Nossa Senhora de Hawqa, Mar Sarkis e Mar Lishaa. Essa área do Monte Líbano é conhecida como Vale do Kadisha, por ter sido cortada pelo fluxo de água de um rio com o mesmo nome (esse rio também é conhecido pelo nome de Abu Ali). Alguns historiadores afirmam que a palavra *Kadisha* vem da língua aramaica e significa "santo/sagrado", o que reforça a importância das construções religiosas cristãs no Monte Líbano.

A terceira região que merece destaque é o chamado Vale do Bekaa, uma área politicamente conturbada ao longo da história libanesa, mas de grande importância para a economia do país. Trata-se de uma planície com enorme vocação agrícola pela qualidade de suas terras, e por ser cortada por dois dos maiores rios do Líbano: o Litani e o al-Assi (também conhecido como Orontes). Na geografia regional, o rio al-Assi é importantíssimo, já que nasce no Líbano e avança em direção norte, de forma paralela ao mar Mediterrâneo, até sua foz, em território turco. Parte do território sírio depende dessa fonte de água para a irrigação de centros agrícolas, o que confere maior relevância ao Vale do Bekaa no interior das longas crises políticas entre Síria e Líbano. Fora do litoral, é nessa região que se encontram áreas urbanas libanesas consideráveis, como Zahle, Baalbek, Chtaura e Jib Janine.

Por último, a chamada Cordilheira Oriental, ou Anti-Líbano, é um conjunto de montanhas que se alinha paralelamente ao Monte Líbano. Não possui o mesmo índice demográfico do Monte Líbano por ser uma região menos privilegiada do ponto de vista dos recursos hídricos para a agricultura. De suas fendas nasce o rio Hasbani, que, ao avançar em direção ao território israelense, torna-se uma das fontes mais importantes para a formação do rio Jordão. Não por acaso, em 2001, as questões em torno do uso das águas do rio Hasbani quase levaram a mais uma crise política e militar entre Líbano e Israel. Nesse período, o governo libanês anunciou a instalação de uma estação de bombeamento de água no rio Hasbani para levar água potável aos habitantes da aldeia de Wazzani e de terras vizinhas. As críticas das autoridades israelenses ao anúncio da inauguração da estação de água foram imediatas. Houve a possibilidade de um conflito entre os dois países em 2002, quando o primeiro-ministro de Israel na época, Ariel Sharon, afirmou que a ação do governo libanês em torno das águas do rio Hasbani era praticamente uma "declaração de guerra". Em 2006, a estação de bombeamento de água foi destruída pela aviação israelense.

A composição topográfica heterogênea do território libanês faz com que mesmo sendo um país pequeno, totalmente associado ao clima mediterrâneo, as tempera-

A geografia da algazarra | 81

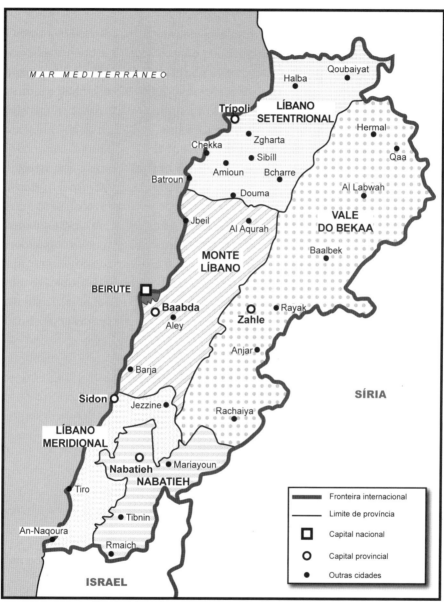

Mapa político do Líbano contemporâneo.

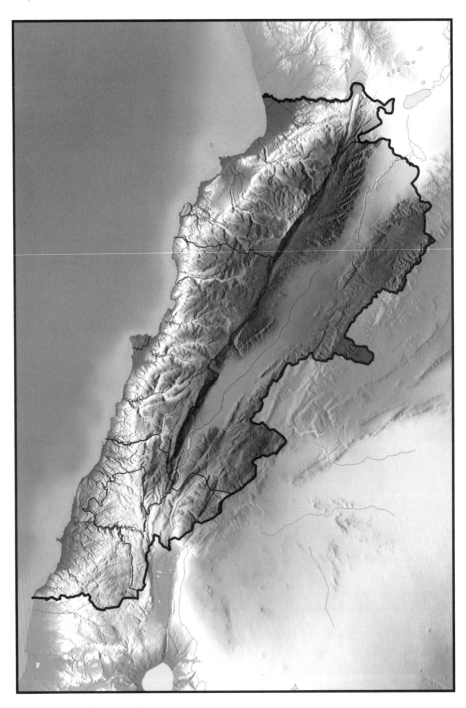

Mapa topográfico do Líbano.

turas em suas diferentes regiões sejam contrastantes. Em um dia comum de verão, uma pessoa pode desfrutar do calor seco, com altas temperaturas no Raouché, bairro litorâneo de Beirute, além de, com uma curta viagem de carro, chegar às áreas frescas das montanhas libanesas e passar por campos com temperaturas drasticamente menores e mais úmidas. Mas àqueles que pretendem usufruir dessa experiência, apressem-se, já que as alterações climáticas vividas por todo o mundo nos últimos anos têm atingido o Líbano consideravelmente. Dessa forma, no país há um acelerado processo de diminuição da quantidade de neve nas montanhas, afetando não somente a paisagem, mas também o suprimento de água de certas aldeias, e até mesmo a desertificação de algumas áreas no Vale do Bekaa. Portanto, não caia na conversa dos orgulhosos libaneses que dizem ser possível nadar nas praias e esquiar nas montanhas em uma mesma tarde.

## POR QUE O LÍBANO NÃO É APENAS O PAÍS DOS CEDROS?

De todos os problemas que afetam o equilíbrio do ecossistema libanês, as mudanças climáticas atingem especialmente um dos símbolos naturais mais caros à nação libanesa: os cedros, conhecidos cientificamente como *Cedrus libani*. A importância histórica dessa árvore nativa não se resume à história do Líbano, mas, sim, a diversas culturas e civilizações que habitaram ou mantiveram contato com os povos das montanhas libanesas. Na epopeia de Gilgamesh, por exemplo, um conjunto de lendas sumérias faz menção à ida desse personagem e de seu parceiro, Enkidu, à região do bosque dos cedros (Líbano), para matarem Humbaba, um monstro mitológico que cuspia fogo pela boca e assombrava a população local.

Já na tradição judaica e cristã, o cedro do Líbano aparece dezena de vezes como uma metáfora de poder e força (Livro de Ezequiel – Antigo Testamento), bem como um símbolo de progresso espiritual da humanidade, pois a paulatina conquista do sentido de justiça entre os homens é comparada ao sólido e contínuo crescimento de um cedro (Salmo 92). Entre os hebreus, existem diversos relatos de que o famoso templo religioso de Jerusalém, construído e reconstruído em momentos distintos por Salomão, Zorobabel e Herodes, contou com a madeira de cedro conseguida por meio de relações comerciais com a Fenícia, mais especificamente com a cidade-Estado de Tiro.

Os fenícios usavam o cedro para a construção de embarcações e casas, levando as técnicas de uso da madeira às regiões que compravam esse produto. Além disso, outros povos desenvolveram maneiras distintas de utilizar o cedro-do-líbano, como

84 | Os libaneses

os egípcios, que extraíam óleos dessa madeira para usá-los no processo de mumificação de seus mortos. Existem ainda registros de que o cedro era valorizado por suas propriedades medicinais, pois servia de base para anestésicos contra a dor de dente e como cicatrizante.

Nos séculos seguintes, com o crescimento da importância do cristianismo em todo o hemisfério ocidental, e também no Oriente Médio, a simbologia do cedro do Líbano se manteve ativa. A Igreja Maronita, por exemplo, próxima ao catolicismo romano desde a Idade Média, possui um cedro do Líbano em seu brasão, seguido da citação bíblica de Isaias 35-2: "a glória do Líbano se lhe deu". Ao lado do simbolismo, a exploração de sua prestigiosa madeira avançou pelos séculos, o que reduziu de modo considerável as reservas de cedro em território libanês. O último uso indiscriminado dessa madeira de que se tem notícia foi quando o Império Otomano, durante a Primeira Guerra Mundial, permitiu que os cedros do Líbano fossem cortados para servir de combustível aos trens das ferrovias que cruzavam a região.

De todo modo, ainda que as florestas de cedro tenham entrado em um processo acelerado de extinção no mundo contemporâneo, o caráter simbólico de sua existência permitiu que o cedro fizesse parte do imaginário político libanês ao longo do século XX. Os movimentos que lutavam pela independência do país incorporaram o cedro como símbolo pátrio, tanto que, seja no período colonial ou mesmo na emancipação do Líbano, o cedro é a figura central da bandeira e do brasão nacionais. A alegoria sugerida pela presença do cedro na bandeira do Líbano é a de que o país sobrevive ao tempo, do mesmo modo que o cedro resiste à ação exploratória de diferentes civilizações ao longo da história.

Entretanto, o país dos cedros é também o país detentor de uma biodiversidade e de um patrimônio natural que fazem com que sua condição de fornecedor histórico de madeira seja apenas uma dimensão da importância ecológica desse território. O legado biológico do Líbano é composto por um número incalculável de espécies distintas em sua fauna e flora, mesmo em uma porção de terra de aproximadamente 10.452 km$^2$ (metade do tamanho do estado de Sergipe). Se a região do Mediterrâneo é considerada uma das áreas de maior biodiversidade do mundo, o Líbano é o epicentro dessa riqueza natural.

Lamentavelmente, esse enorme patrimônio encontra-se ameaçado por diferentes fatores, tais como a descontrolada expansão urbana do país, a constante intervenção humana na zona costeira, além dos crescentes incêndios florestais de que o Líbano é vítima, sejam gerados pelos seus próprios cidadãos, provocados pelos ataques militares ou atentados perpetrados por exércitos vizinhos. O impacto dessa destruição é ainda mais catastrófico ao se considerar que a maior parte da flora do

Cedro-do-líbano no Vale do Kadisha. Esse tipo de árvore é um dos símbolos nacionais de maior apelo no país e é parte do patrimônio nacional conservado em reservas ambientais protegidas pelo Estado. Ao lado, placa da Reserva de Cedros al-Shouf, em Barouk, local que atrai muitos turistas.

país é composta por espécies endêmicas, ou seja, tipos de planta que somente são encontradas no território local, e o extermínio dessas paisagens representa o fim das áreas onde essas espécies podem ser encontradas. De acordo com relatório divulgado pelo ministério libanês do Meio Ambiente, pelo menos 92 espécies crescem exclusivamente no território do Líbano, e como o desmatamento mantém níveis constantes de aumento, o futuro da biodiversidade natural libanesa está em perigo.

As consequências desse cenário não afetam apenas a estrutura ecológica do país, mas atingem setores vitais como a economia nacional. O uso medicinal e alimentar de plantas nativas aromáticas fizeram da extração dessas espécies um setor ativo da economia local. A ausência de controle da retirada de plantas selvagens tem reduzido a população de diversos tipos de planta com importância econômica e dificultado a exploração dos produtos oriundos delas como os tradicionais *zaathar* (ver capítulo "Comer, fumar, xingar: a cultura libanesa"), a murta e a camomila. O ministério libanês da Agricultura tentou estabelecer leis de proteção às espécies vegetais de importância comercial no país entre as décadas de 1990 e 2000, mas os resultados dessas iniciativas foram insuficientes. No geral, além das plantas de consumo alimentar, outros produtos dependentes da flora libanesa são incorporados à economia local, como o comércio de mel (que precisa de certo tipo vegetação que é visitada pelas abelhas e fornecem néctar), a venda de plantas ornamentais nativas (paisagismo) e aquelas que possuem certo uso ambiental (controle de erosão, recuperação de solos etc.).

No caso do paisagismo, esse setor da economia libanesa é um fator importante do que se convencionou chamar de agronegócio no país. Ao contrário de outros países como Brasil, Indonésia, China e Estados Unidos, por exemplo, que concentram sua participação na economia do agronegócio mundial com produtos primários como cana-de-açúcar, baunilha, arroz e milho, o Líbano, pela sua pouca disponibilidade de terra fértil, em comparação com os territórios citados, vem conferindo maior importância ao papel de produtos não convencionais às maiores economias agroexportadoras do mundo, como as folhas de tabaco, o açúcar de beterraba e as plantas ornamentais. É claro que alguns alimentos essenciais como a batata e o milho possuem um peso significativo na economia agrícola do Líbano, porém há que se reconhecer o aumento da importância do agronegócio voltado a culturas industriais, ornamentais e até mesmo pouco comuns em comparação com outros países do mundo.

Em meio à imagem do Líbano como uma espécie de celeiro do Oriente Médio, uma terra famosa pelo dulçor de suas frutas, pelo sabor de seus cereais e pela qualidade de seus vegetais, o peso econômico de um tipo específico de cultura merece destaque: o cultivo da *Cannabis sativa* para a produção de haxixe. Não se trata de uma rede mafiosa de traficantes com gel no cabelo e pelos no peito que formam cartéis da droga para destruírem as famílias do "mundo civilizado". A produção agrícola da *Cannabis* nos vilarejos libaneses é uma atividade econômica fortemente vinculada à agricultura familiar, fruto de um meio de subsistência presente na região há séculos.

Desde a década de 1990, quando, com o fim da Guerra Civil, o Líbano teve que reconstruir a legitimidade do seu Estado, a proibição do plantio de *Cannabis* e da produção do haxixe foi uma das maneiras encontradas pelos políticos libaneses para fortalecer a presença do Estado no interior do país e atender à pressão da comunidade internacional, que, fundamentada em estereótipos sobre a violência no

Líbano, entendeu que o tratamento dado aos agricultores familiares de *Cannabis* deveria ser o mesmo que se dá a grandes traficantes de cocaína na América Latina, de metanfetamina na América do Norte ou de ópio no sudeste da Ásia. Em 2009, as autoridades libanesas chegaram a apontar que o plantio de *Cannabis* tinha sido erradicado do país, por meio de ações das forças de segurança libanesas contra a produção desses pequenos agricultores. Em realidade, a produção de *Cannabis* e a comercialização de haxixe não sofreram grandes reveses com as ações do governo local.

O resultado mais evidente dessa política foi a ruína econômica de muitas famílias de agricultores e o aumento da violência na região. Como se não bastasse o longo rol de problemas que as forças de segurança do Líbano já possuem ao longo de todo o seu território, a necessidade de lidar com a insatisfação desses trabalhadores agrícolas e a destruição de suas plantações geraram mais situações internas de conflito a serem resolvidas por um Estado frágil em processo de reconstrução de seu vigor.

É difícil romper de forma imediatista com a prática histórica de cultivo da *Cannabis* no Líbano. A canetada jurídica dos legisladores e a indiferença de funcionários burocratas com relação ao desastre social vivido pelos agricultores não conseguem aniquilar uma prática de subsistência secular. Na região do Vale do Bekaa, por exemplo, esse tipo de plantação foi largamente incentivado por autoridades otomanas pelo alto valor comercial do haxixe. Com a imposição do mandato francês e o fim do Império Otomano após a Primeira Guerra Mundial (ver capítulo "Turco é a mãe! As raízes do Líbano"), a proibição do haxixe foi instituída após a publicação da Carta Constitucional de 1926, o que não acabou com a produção do entorpecente, mas criou uma atividade econômica ilegal que não deixou de existir nas décadas seguintes.

Durante a Guerra Civil, como fonte de renda para as diversas milícias que atuavam no Líbano, o tráfico de haxixe cresceu vertiginosamente, incentivando o pequeno produtor agrícola a se dedicar ao cultivo da *Cannabis* e garantindo aos grupos milicianos o controle do transporte e a venda de grandes quantidades de haxixe. Esse período foi o ápice dessa atividade ilícita, que obviamente não deixou de existir com o fim da Guerra Civil na década de 1990. Até a saída das tropas sírias do país em 2005 (ver capítulo "Champanhe em barril de cedro: o Líbano contemporâneo"), sabe-se que nada acontecia no Líbano sem o conhecimento ou a conivência do exército vizinho, principalmente em uma região de fronteira entre os dois países como o Vale do Bekaa. Há quem diga que, nesse período, as tropas sírias cobravam impostos de agricultores e traficantes de haxixe para permitirem o exercício dessa atividade. O que pode confirmar essa informação é o fato de que, justamente no momento em que o exército sírio mantinha forte presença no Líbano, grande parte das propriedades agrícolas do Vale do Bekaa passou a se dedicar ao plantio de *Cannabis*. Esse dado pode ser exagerado? Claro que sim. Mas não há dúvidas de que algum incentivo à produção de haxixe conduzida por grupos de agricultores familiares da região existiu.

A situação da produção de haxixe no Líbano é uma questão delicada demais para ser de responsabilidade de um único agente. Mais do que encontrar culpados, o grande desafio é mapear as vítimas dessa confusão legal: o Estado libanês se deslegitima, a economia nacional se fragiliza e o pequeno agricultor vive a incerteza de perder sua fonte secular de subsistência a cada ano. No final, o governo libanês e a comunidade internacional fracassaram na obrigação de garantir outra fonte de renda aos produtores de haxixe. O caso mais evidente desse fracasso é a existência de um movimento formado por indivíduos que rejeitam qualquer controle institucional sobre o comércio de haxixe na região de Baalbek: o Tuffar. Na linguagem coloquial libanesa, *tuffar* significa algo como "bandidos" ou "foras da lei", e é o termo utilizado para se referir a diversos grupos marginais como os plantadores de *Cannabis*. Eles se organizam e se armam para impedir que o governo do Líbano erradique totalmente as plantações e o comércio da droga no país.

A cidade de Zahle (abaixo) é a capital do Vale do Bekaa. É proporcionalmente a maior cidade cristã do Líbano; ao lado, al-Rafid, também no Vale do Bekaa, um dos centros urbanos de maioria muçulmana sunita da região

90 | Os libaneses

Considerando que os consumidores do haxixe libanês encontram-se confortavelmente em suas casas e festas na Europa e em Israel, talvez esteja na hora de entender o problema a partir de uma perspectiva social que envolva toda a comunidade internacional. Para a população pobre envolvida nessa atividade agrícola vista como ilegal, a *Cannabis* continuará sendo vista como *al-Mabrouke* (a erva abençoada), independentemente da maneira depreciativa com que a mídia, o Estado e as agências de segurança internacionais rotulam essa população. Os esforços para que o Líbano deixe de ser o "país dos cedros" para ser cada vez mais reconhecido como o "país do haxixe" revelam o olhar insensível com que a geopolítica internacional vê o Oriente Médio como um todo. O Líbano parece já ter uma resposta para a pergunta que assola praticamente todos os países do mundo na atualidade: como a guerra contra as drogas atinge a vida das populações mais vulneráveis e a geografia de nações política e socialmente instáveis?

## OS RECURSOS NATURAIS

Quando se fala em recursos naturais no Oriente Médio, o petróleo e o gás sempre ocupam papel de destaque. Os grandes exportadores de hidrocarbonetos, como Arábia Saudita, Irã, Iraque e os pequenos países do Golfo Pérsico, são sempre lembrados como exemplos do papel central que a extração e o comércio desses produtos ocupam nas economias e na geopolítica da região. Até pouco tempo atrás, o Líbano não vigorava como um país que retirava ou usufruía dos rendimentos alcançados por esse tipo de produção. Os apagões elétricos vividos pelos cidadãos libaneses que dependiam do Estado para ter acesso a recursos energéticos eram um reflexo dos problemas enfrentados por um país dependente da exportação e dos preços do petróleo e do gás no mercado internacional, seja para o combustível dos automóveis ou mesmo para alimentar as centrais termoelétricas. Entretanto, a superação desse problema parece estar mais próximo do que se imaginava no passado. A descoberta de grandes reservas de hidrocarbonetos em território marítimo libanês transformou-se em um desafio para o Estado e a sociedade civil locais. De acordo com os pesquisadores Bassam Fattouh e Laura El-Katiri, do Oxford Institute for Energy Studies, na porção libanesa da área de exploração de hidrocarbonetos do Mediterrâneo oriental chamada Bacia do Levante, as reservas que correspondem ao Líbano podem chegar a 3,45 trilhões de metros cúbicos de gás natural e 1 bilhão e 700 mil de barril de petróleo. Para um país cuja dependência da importação de produtos derivados de petróleo pode ultrapassar a marca de 11% do seu Produto Interno Bruto (PIB), parece que o mar libanês guarda tesouros escondidos.

Uma notícia como essa poderia ser recebida com grande entusiasmo por qualquer país do mundo, mas, quando se trata do Líbano, um bilhete de loteria premiado pode

A geografia da algazarra | 91

ser, na verdade, uma nota promissória. Tomando como exemplo outros países do Oriente Médio que se encantaram pelo projeto de exploração de hidrocarbonetos, a estatística revela que o primeiro índice a se beneficiar desse tipo de ganho econômico não é o equilíbrio social, o aumento da renda dos cidadãos, nem a diminuição da dívida externa, mas, sim, os indicadores de corrupção política e econômica. Não se trata de dar credibilidade às listas infames de órgãos internacionais que qualificam os países por graus distintos de propensão a fraudes e desvios de verba. As "listas" e "rankings" de países corruptos são ferramentas estereotipadas de classificação cultural de povos distintos, como se o ideal para se entender a realidade de múltiplos países fosse a aplicação de critérios únicos que descaracterizam a conjuntura social de cada nação. No caso do Líbano, a memória ainda não totalmente cicatrizada da Guerra Civil, a intransigência de países vizinhos e as tensões sociais, políticas e econômicas internas não garantem que o potencial comercial dessas reservas de hidrocarbonetos seja transformado em benefícios para a sociedade civil.

A exploração de recursos energéticos *offshore* (extraídos do mar) necessita de um conjunto complexo de arranjos internos para que seja economicamente viável. É preciso vontade política para que projetos de lei que regularizam a exploração marítima de gás e petróleo sejam aprovados e tornem esse tipo de produção interessante para empresas estrangeiras, sem desconsiderar a necessidade de se preservar o patrimônio natural do país. Por isso, antes de atrair investimentos de outros países e começar a perfuração marítima de petróleo e gás, o Líbano precisa de um governo estável e de um Estado forte e soberano.

Esse cenário de incerteza sobre os rumos do projeto de extração *offshore* no Líbano é agravado pelo fato de que as reservas da Bacia do Levante são compartilhadas por pelo menos três países: Líbano, Chipre e Israel. Pelo histórico de conflitos entre libaneses e israelenses nas últimas décadas, e sabendo que as reservas não respeitam fronteiras nacionais, a possibilidade de problemas e tensões entre esses dois países pelo controle dessa área é algo que precisa ser considerado. Já existe uma disputa em curso entre ambos pelos blocos de exploração, sendo que o arbítrio internacional dessa questão não serve como garantia de que esse problema pode ser rapidamente resolvido. Isso é algo com que as empresas interessadas nesse negócio passaram a se preocupar.

Como se não bastassem os possíveis desdobramentos conflituosos desse tema, as potências regionais do Oriente Médio que já dependem dos recursos extraídos dessa atividade econômica, tais como Arábia Saudita e Irã, também podem considerar que a inserção do Líbano no rol de países exportadores de petróleo e gás cria uma concorrência ainda maior no oferecimento desses produtos energéticos para o principal mercado consumidor: a Europa. O aumento da oferta força a queda do preço e gera a necessidade de interferência dessas potências na conturbada conjuntura

92 | Os libaneses

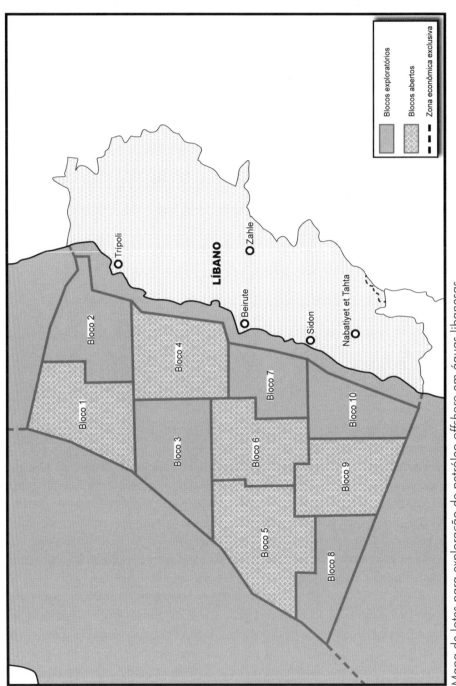

Mapa de lotes para exploração de petróleo offshore em águas libanesas.

política do Líbano. O custo dessa riqueza para o Estado libanês é também político em longo prazo. Para a maioria dos países exportadores de petróleo e gás, a entrada do Líbano no mercado internacional do setor de energia é um problema potencial porque o país possui uma vantagem competitiva pelo seu território ser facilmente integrado ao gasoduto árabe, pois localiza-se a apenas 1.200 km dessa estrutura que vai de al-Arish, na península do Sinai (no Egito), em direção à fronteira sírio-turca, aproximando-se a baixo custo do mercado consumidor e representando a diminuição da dependência da Europa diante de um de seus maiores fornecedores: a Rússia.

Em linhas gerais, a corrida internacional pelo direito de exploração dos hidrocarbonetos libaneses cresce significativamente. Na preparação da primeira rodada de licitações das áreas *offshore* do Líbano, 46 empresas internacionais já foram consideradas qualificadas para constituírem parcerias econômicas com o Estado libanês. Nesse sentido, o interesse internacional sobre a exploração de gás e petróleo relacionado à produção *offshore* envolve a construção de instalações portuárias para navios de serviços, equipamentos de depósito e armazenamento desses produtos, oferecimento de alimentos, mercadorias, transportes, estrutura médica e de habitação para os trabalhadores dessa indústria, além de infraestrutura para o processamento do gás em terra com terminais de exportação, tubulações, estradas e equipamentos de segurança. Isso representa a criação de milhares de postos de trabalho que dependem de mão de obra qualificada, o que significaria uma mudança importante para o Líbano e para a sua juventude, já que o país poderia abandonar sua vocação de exportador de trabalhadores que procuram melhores condições econômicas em outros países dentro e fora do Oriente Médio. Mas não há dúvidas de que para o Líbano o desenvolvimento de seu potencial energético traz maiores responsabilidades para seu governo e sua sociedade civil, pois afeta diretamente a densidade demográfica do país, seu processo de urbanização, a preservação de reservas naturais, a vigilância sobre seu patrimônio histórico e cultural, a proteção de regiões agrícolas e a salvaguarda do meio ambiente.

Por tudo isso, pode-se dizer que o Líbano possui uma verdadeira "geografia da algazarra". A topografia heterogênea, a biodiversidade imponente, a luta pela preservação dos cedros, a peculiaridade de seu "agronegócio", os limites de atuação dos pequenos agricultores e a promessa de um futuro incerto com a exploração de seus recursos naturais fazem com que a palavra "algazarra" se encaixe perfeitamente na definição da geografia libanesa. Isso ocorre não somente por ser uma palavra de origem árabe, mas pelo duplo significado que o termo possui na língua portuguesa, já que, além do sentido de confusão e mistura, apresenta também o significado extraído do termo original *al-gazara*: exuberância!

# COMER, FUMAR, XINGAR: A CULTURA LIBANESA

## A COMIDA COMO FERRAMENTA DE SOCIALIZAÇÃO

Tirem as crianças da sala, escondam os fracos e preparem-se para a batalha: uma mãe libanesa está na cozinha. Quando a matriarca da família entra em um pequeno espaço particular com ingredientes variados, é sinal de que os sortudos que terão o privilégio de saborear o resultado final dessa experiência serão empalhados vivos. Da guerra civil, o comensal viverá um delicioso confronto pessoal com suas próprias vísceras, e, se não atender aos clamores de "coma mais, coma mais, coma mais...", a vítima preferirá ter uma morte súbita à tortura lenta das lamúrias da mãe libanesa, dizendo, aos prantos: "você não gostou da minha comida...".

Esse é o mundo encantado da cultura libanesa, capaz de levar um indivíduo do paraíso ao inferno em 1.001 garfadas. De todos os estereótipos que recaem sobre os libaneses, certamente o da comilança é o único que merece credibilidade. A anorexia e a desnutrição são dois problemas que as famílias libanesas desconhecem e, certamente, se você teve a sorte de ser convidado para uma refeição na casa de um libanês, seja ele cristão ou muçulmano, a frase "nunca é o suficiente" terá novo sentido para você ao final dessa jornada. Eu posso atestar por experiência própria: um almoço como esse pode ultrapassar o horário do jantar, seguindo um ritual que envolve café na chegada, saladas refrescantes, carnes com inúmeras especiarias, batatas e legumes recheados, uma mesa gigantesca de frutas, doces melados, chás digestivos, conversas regadas a arguile, arak, e a certeza de uma digestão longa.

Um dos maiores escritores libaneses da atualidade, Amin Maalouf, escreveu no prefácio de um livro de receitas locais feito por sua mulher, Andreé Maalouf: "a culinária é o único domínio em que o pequeno Líbano chega a ser uma potência respeitada e conquistadora". Ainda que uma cozinheira libanesa esteja passando por um dia difícil e triste por qualquer motivo, ela sempre terá um sorriso no rosto, acompanhado da frase *"Ahlan wa sahlan"* (Seja bem-vindo). Os problemas e dissabores da vida de cada indivíduo envolvido nessa refeição serão esquecidos pelo fato de que preparar a comida, ser servido e saboreá-la é sempre um ato de amor e uma questão de honra.

## 96 | Os libaneses

De todo modo, o desfile de pratos deliciosos pode ser encarado como uma metáfora das vicissitudes que resultaram na própria história do país. As iguarias dispostas são, na verdade, reflexos das inúmeras influências de outros povos sofridas pelo território libanês ao longo de sua história política. Cada dominador dessas terras introduziu uma variedade de alimentos que se tornaram a base da culinária libanesa. O período otomano, por exemplo, é responsável pela inclusão de azeite, pão fresco, laban (iogurte), legumes recheados e uma grande quantidade de frutos de casca dura.

A gastronomia do Líbano é um tipo de cozinha de fusão, algo que vai além das explicações simplistas que reduzem o país a uma região de guetos cristãos ou muçulmanos, árabes ou ocidentais, e quem sai ganhando desse encontro de civilizações é sempre o convidado. De acordo com a história libanesa, diversos grupos étnicos circularam por todo o Oriente Médio, carregando nas viagens diferentes mantimentos que não estragavam facilmente. Como as terras do atual Líbano eram passagens obrigatórias do comércio internacional de alimentos e especiarias, a dieta básica dos libaneses foi influenciada por essa atividade. Além disso, as reservas de água do país e suas terras férteis propiciaram o cultivo de um grande número de produtos agrícolas e de origem animal, permitindo que uma considerável variedade de frutas, legumes, carnes e peixes marcassem a abundância da culinária local.

Recordo que na minha juventude, durante uma viagem que fiz ao Líbano com o meu pai para resolver problemas burocráticos que envolviam a resolução dos entraves para o registro de minha cidadania libanesa, fomos recebidos no aeroporto por uma comitiva de amigos e parentes que nos levaram para a cidade de Sultan Yacoub, no Vale do Bekaa. Ao entrarmos na casa do primo Hamze, uma enorme quantidade de saladas, carnes assadas e outras comidas variadas nos esperava, e, antes mesmo de descansarmos da longa viagem, tivemos que prestigiar o ritual afetivo a que a farta mesa nos impelia. Quando chegamos, muitos vizinhos e amigos já nos esperavam, e, antes mesmo de termos digerido a pesada comida oferecida pela Air France ao longo da viagem, tivemos que comer o que nos serviam repetidamente, para não sermos mal-educados com os anfitriões. Ainda que estivéssemos tontos pelo fuso horário e pelo cansaço, nossa boa estada dependia do nosso desempenho no banquete, e todos aguardavam nossos comentários sobre quão saborosa era a comida que nos ofereciam. Quando alguém me servia e eu dizia "não, obrigado", meu pai me repreendia com um olhar fumegante que me fazia mudar de opinião na mesma hora. Não preciso dizer que, durante a noite, sem conseguir dormir, eu clamava pela beatificação do inventor do sal de fruta e dos remédios para digestão. Esse padrão se repetiu ao longo da viagem de dois meses. Em cada casa de parentes que eu entrava para fazer uma visita ou entregar uma encomenda trazida do Brasil, como pó de café, cartas de familiares e frascos de dipirona (que não eram vendidos no Líbano), éramos expostos a novos rituais gastronômicos sem fim. Após os meses de viagem, voltei ao Brasil com memórias de afeto, sabores e 6 quilos a mais.

No geral, você não precisa ter vínculos familiares e afetivos com o Líbano para viver essa experiência. A maioria esmagadora dos restaurantes árabes no Brasil são, na realidade, estabelecimentos de comida sírio-libanesa. Os pratos mais populares dessa cozinha já fazem parte do cotidiano do brasileiro, como o quibe, a esfiha e o tabule. Os ingredientes podem ser encontrados na maioria dos supermercados e, por isso, não há desculpa para que qualquer pessoa não possa provar essas iguarias. Com a popularização da gastronomia étnica no Brasil, mesmo os restaurantes de comida árabe de países com imigrantes menos numerosos aqui, como o Iraque e a Palestina, sobrevivem oferecendo pratos árabes facilmente reconhecidos pelos brasileiros, o que faz com que a comida libanesa esteja presente na maioria desses estabelecimentos comerciais.

Os temperos mais utilizados nos pratos libaneses são, respectivamente, a pimenta síria (apesar do nome), o *zaathar*, o *sumak*, o *snoobar*, a água de rosas e a água de flor de laranjeira. A chamada "pimenta síria" nada mais é do que um mix de especiarias como pimenta-do-reino, pimenta-da-Jamaica, noz-moscada, canela e cravo. Ela serve para temperar carnes em geral e é o grande segredo da genuína receita de quibe cru

Foto do autor

A tradicional esfiha, muito apreciada no Brasil, foi trazida por imigrantes sírios e libaneses. Ao lado de outros pratos como o quibe e a coalhada, a esfiha já faz parte da gastronomia popular brasileira.

Guardando certa semelhança visual com a esfiha, o pão feito no saj (forno típico), temperado com ervas como o zaathar, é o mais facilmente encontrado nas ruas das grandes cidades libanesas.

libanês, já que substitui os molhos pesados presentes na cozinha de outros países. Outros pratos de carne como a kafta também são condimentados com essa mistura, o que nos ensina que a localização geográfica estratégica do Líbano, como encruzilhada entre o Mediterrâneo, a Ásia e a Europa, reforça a importância das rotas comerciais modernas na cultura libanesa. O *zaathar* também segue esse padrão híbrido, sendo composto por tomilho, orégano, gergelim torrado, sal, manjerona, entre outros temperos. Ele está presente, principalmente, nos queijos libaneses, como o *chanklish*, que são acompanhados de pão, azeite, verduras e legumes. Já o *sumak*, de coloração marrom-avermelhada e sabor ácido, é um tempero em pó utilizado em pratos frios, especialmente em saladas, como o tabule e o *fatush*. A nova onda gastronômica do mundo contemporâneo também produz receitas de frutos do mar com esse tempero, mas sem dúvida nenhuma é na salada que o *sumak* se destaca. Possivelmente, trata-se de um condimento trazido ao Líbano pelos turcos a partir do século XVI, e, apesar de ser mais difícil de ser encontrado nos pratos libaneses servidos no Brasil, o *sumak* é um belo indício de que determinado prato segue à risca as receitas libanesas originais.

Ao lado do *sumak*, o *snoobar* é um ingrediente comum à culinária libanesa, mas raro de se ver nos restaurantes do gênero no Brasil. Trata-se de uma espécie de pinoli, que muitas vezes é substituído por outros tipos de pinhão ou nozes por causa de seu preço elevado. Ele está presente em carnes e arrozes e é muito comum em quibes assados, conhecidos no Brasil como "quibe de bandeja". Já as águas de rosas e flor de laranjeira são produtos recorrentes nas sobremesas do Líbano, servidos como caldas que acompanham doces de massas recheados com nozes, pistaches, damascos e tâmaras. A pastelaria libanesa, sofisticada a partir da presença francesa durante o período colonial, abre mão dos chocolates e cremes de baunilha ocidentais para reforçar seu caráter legitimamente libanês, ainda que a contribuição da França seja inconteste nos doces do país, principalmente no aperfeiçoamento das técnicas para a elaboração das massas a serem recheadas e cobertas com frutos secos libaneses. Por essas razões e por essas influências tão diversas, a culinária libanesa é uma viagem prazerosa a lugares e tempos históricos importantes e distantes entre si, como Paris, Jerusalém e Damasco.

Um prato que atesta essa disputa entre orgulho nacional e influência externa é o falafel, uma espécie de bolinho de grão-de-bico e favas frito em azeite que atualmente vem compor uma polêmica cultural perene entre árabes e israelenses. De acordo com a tradição, o falafel foi introduzido no cotidiano gastronômico de Israel com a chegada dos imigrantes judeus árabes (os sefarditas), ao longo da segunda metade do século XX, quando essas comunidades foram expulsas dos países árabes durante os diversos conflitos que marcaram, por exemplo, o Líbano e Israel. Em 2008, a Deustche Presse publicou uma notícia que afirmava que associações de imigrantes libaneses do país pretendiam processar o Estado de Israel por apropriar-se de pratos da culinária árabe, e o falafel ainda se encontra no meio dessa disputa política. De fato, na década de 1960, houve um esforço para criar uma identidade israelense coletiva no interior da campanha de construção da nação. Ao lado do Holocausto, o valor cultural de pratos como o falafel poderia ajudar a consolidar uma memória nacional israelense capaz de integrar dois dos maiores grupos étnicos do país: os judeus ashkenazitas e os árabes, sendo eles judeus, cristãos ou muçulmanos. Para o Estado de Israel, o falafel é um símbolo nacional apropriado por respeitar as duras regras da dieta *kosher* e por representar a condição híbrida de sua identidade nacional. Os árabes não israelenses, principalmente os libaneses, transferiram sua revolta política para essa saborosa querela. Um pequeno documentário intitulado *Crossing cultures: who owns falafel?*, de pouco mais de 16 minutos, debate essa questão. Dirigido por Khalil Michael Ghannam, o filme invoca o depoimento de consumidores e especialistas para mostrar a delicada situação de confronto identitário entre árabes e judeus em torno da gastronomia do Oriente Médio.

Mas, polêmicas à parte, outro prato da cultura híbrida libanesa que merece destaque é a *mjadra*. Trata-se de uma espécie de arroz com lentilhas e carnes servido com cebola frita, que não pode faltar nos legítimos restaurantes libaneses do mundo todo. Quando não acompanhado de carnes, a *mjadra* é fartamente consumida por libaneses cristãos durante a Quaresma, respeitando a proibição de consumo de carne vermelha no período do ano litúrgico que antecede a Páscoa. Com essas características religiosas tão acentuadas, a *mjadra* remete à presença cristã na região do Líbano no período das Cruzadas e é geralmente consumida pelas famílias humildes do país pelo seu baixo custo.

O falafel é um dos pratos que formam o *mezze*, uma seleção de quitutes que precedem o prato principal. Acompanhado de molho *tahine*, o falafel também é servido em sanduíches enrolados com salada no pão árabe, conhecidos como *shawarma*.

Comer, fumar, xingar | 101

Foto do autor

O *fatush* é um mix de legumes e verduras servido com pedaços de pão árabe torrado. Ao lado do tabule, compõe o menu de saladas da legítima culinária libanesa. O sabor refrescante do *fatush* faz com que esse seja um prato muito consumido no verão.

Se, por um lado, as polêmicas de legitimidade cultural reafirmam as disputas políticas do Oriente Médio mediterrâneo, a questão da cultura do banquete no Líbano é coisa muito séria em qualquer contexto, e não se limita aos confrontos simbólicos entre grupos étnicos que reivindicam para si o controle dos signos de identidade local. O respeito ao rigor dos hábitos e costumes libaneses afeta também as pessoas que aparentemente não têm nenhuma relação com essas disputas, pois até os convidados são inseridos em um ambiente de respeito às regras e às tradições locais. Ao ser chamado a provar esses pratos e temperos em uma legítima casa libanesa, o comensal deve seguir algumas regras de etiqueta que vão além do simples ato de aceitar tudo que lhe for oferecido. Em famílias tradicionais, principalmente muçulmanas, a refeição poderá ser servida no chão sobre tapetes, e cada convidado se sentará confortavelmente em almofadas ou sofás baixos, ao melhor estilo árabe. Nesse caso, você deve seguir algumas normas importantes para não parecer ofensivo ou arrogante. A primeira delas é tirar os sapatos logo na entrada, posto que a sujeira da rua representada pelos sapatos deve ficar de fora dos rituais de hospitalidade. Em seguida, cumprimente todos os presentes evitando apertar as mãos das pessoas do sexo oposto, por questões de pudor. Os cristãos libaneses respeitam menos essa regra, mas reforço que esse hábito é muito comum entre os muçulmanos. Ao sentar-se, certifique-se de que seus pés estão apoiados no chão, pois apontar as solas dos seus pés na direção de alguém é uma ofensa grave. A cultura árabe, em geral, reconhece nos pés um signo de higiene, e no Líbano não é diferente. Ao mostrar a sola dos pés ou apontá-la em direção à comida, você estará mandando um recado bem grosseiro aos seus anfitriões e convidados.

Outra recomendação é que se respeitem as interdições alimentares dos diferentes grupos étnicos libaneses. Se você estiver na casa de muçulmanos, por exemplo, não espere que algo alcoólico seja servido para "abrir o apetite" ou que algum prato com carne de porco esteja disponível. O ato de comer também é um meio de socialização, e quem determina as regras é sempre o anfitrião, zeloso pela aparência e pelos costumes de seu povo. Ao serem servidos os pratos, experimente um pouco de tudo e não seja econômico nos elogios. Recusar a comida ou manter-se discreto diante dos esforços de hospitalidade dos libaneses é uma boa maneira de se recomeçar a guerra civil. Por fim, ao terminar de comer, deixe um pouco de alimento no prato para mostrar aos donos da casa que a comida foi mais do que o suficiente. Caso contrário, os pedidos para que você coma mais não terão fim. O festival de coalhadas, homus, babaghanouch, pão, azeite, saladas e carnes pode se prolongar por um tempo maior do que você imagina.

Se você estiver na casa de uma família de cristãos libaneses, prepare-se para longas rodadas de bebida alcoólica antes, durante e depois das refeições. A bebida nacional libanesa é o *arak*, uma espécie de destilado de uva incolor com forte sabor de anis. Quando se adiciona gelo ao *arak*, ele ganha um aspecto leitoso, e por essa razão é também conhecido como "leite de camelo". O sabor é bem forte e, por isso, recomenda-se que seja consumido com parcimônia, já que para alguns pode ser enjoativo. Além disso, é um aperitivo com alto teor alcoólico, contendo entre 40 e 50 graus de álcool. Só para se ter uma ideia, o absinto, considerado uma das bebidas mais fortes do Ocidente, possui gradação alcoólica entre 45% e 74%, e a vodka pode conter entre 35% e 60%.

Ao lado do *arak*, os vinhos libaneses são muito apreciados e possuem alta qualidade. As técnicas de produção de um bom vinho são heranças culturais da presença francesa no país, ainda que, desde a Antiguidade, os habitantes das terras libanesas possuam uma larga tradição vinícola. Não por acaso, as ruínas do templo de Baco (deus do vinho romano) ainda podem ser visitadas na cidade libanesa de Baalbek. A cultura histórica do vinho e de certo *savoir vivre* difundido no país durante o processo de ocidentalização trazido pela colonização francesa reforçou as características de um povo que, apesar de árabe, encontra-se voltado para a cultura mediterrânea. Mesmo as restrições de consumo de vinho que passaram a vigorar na região do Líbano com a chegada dos otomanos não apagaram totalmente a cultura vinícola no país. Durante a era dos sultões, a produção e o consumo de vinho foram drasticamente reduzidos pela interdição de álcool islâmica, mas havia a permissão do governo otomano para que cristãos e outras minorias religiosas pudessem consumir o vinho desde que para fins ritualísticos. A paulatina chegada dos franceses no final do século XIX fez ressurgir a produção vinícola local, que hoje exporta sua mercadoria para grandes mercados mundiais como a Europa, os Estados Unidos, a Austrália e o Brasil.

A maioria dos vinhos libaneses é amadeirada e seu *terroir* vem das condições geográficas e climáticas de uma das regiões de maior produção no Líbano, o Vale do Bekaa. A história dessa região está completamente entrelaçada à produção agrícola do país, distante economicamente das principais áreas industriais libanesas, como Beirute, Monte Líbano e Trípoli. A pequena fase de crescimento industrial no Vale do Bekaa se deu entre os anos 1950 e 1960, quando a indústria de alimentos passou a tomar conta da porção central do Bekaa e dos arredores de Baalbek. É nesse período que a produção de vinhos do Líbano ganha fôlego comercial. Enquanto a vizinha Síria implantava uma drástica política de nacionalização de seus recursos, o capital estrangeiro migrava em direção ao Líbano, o que permitiu grandes parcerias

O Vale do Bekaa e a região de Batroun abrigam diversas vinícolas. O aumento da produção e oferta de vinho após a Guerra Civil propiciou o ressurgimento do interesse pelas vinícolas do Líbano. Com maior tradição no mercado, os vinhos do Chateau Ksara já são velhos conhecidos dos enólogos brasileiros.

entre produtores agrícolas locais e investidores estrangeiros. O início da Guerra Civil, em meados dos anos 1970, interrompe o ciclo de crescimento da produção vinícola do Bekaa e a larga duração do conflito até 1990 reduziu fortemente qualquer tipo de comércio no país. À medida que o Líbano se reconstruía nos anos subsequentes à paz entre seus grupos étnicos e políticos, a atividade agroindustrial do Bekaa voltou a crescer até os níveis atuais. Foi especialmente entre 1995 e 2005 que o Líbano passou por uma multiplicação de empresas de exportação de vinho, devolvendo ao produto local a notoriedade que ele merece.

Atualmente, o mundo vem reencontrando os vinhos libaneses nas prateleiras das melhores adegas, o que reintroduz a cultura etílica no país. Nos últimos tempos, as vinhas libanesas cobrem uma área de aproximadamente 27 mil hectares, dos quais 3 mil estão diretamente envolvidos na produção de uva de vinho. Entre as variedades mais comuns de uva para vinho tinto estão: a Cabernet Sauvignon, a Cinsault, a Grenache, a Syrah, a Merlot e a Carignan; e para vinho branco: a Viognier e a Savignon Blanc. Os tipos de uva para vinhos locais, como Obadieh e Merwah, também conquistam espaço significativo na produção libanesa, apesar de menos conhecidos do público em geral. Em 2011, a exportação de vinhos libaneses chegou a 2 milhões de garrafas, engrossando uma venda anual do produto, que pode chegar a 8 milhões de garrafas vendidas, de acordo com a Union Vinicole du Liban. Para uma população total de quase 4,5 milhões de habitantes e um histórico recente de instabilidade política e econômica, os números da produção de vinho libanês são impressionantes.

## A CULTURA DO TABACO: ONDE O ARGUILE É A LEI

Eles estão por todos os lados do país, mas principalmente espalhados pela capital, Beirute. Os cafés são um atrativo das zonas turísticas das cidades libanesas e passaram a fazer parte da paisagem local durante o processo de ocidentalização e modernização do Líbano, ao longo da decadência otomana, no final do século XIX. Nos dias atuais, uma simples caminhada, partindo de pontos turísticos referenciais da capital libanesa – como "a rocha do pombo", na área do Raouché, Beirute Ocidental, em direção a Beirute Oriental, pelos bairros de Achrafieh, ou pela região da Praça Jdeideh –, revelará que a frequência dos cafés libaneses é alta e pode representar a alma ativa e sociável do país. Em muitos desses estabelecimentos, frequentado por jovens locais, turistas e cidadãos de todos os tipos sociais, a estrela principal são os arguiles, também conhecidos como narguilé, *hooka*, *shisha*, cachimbo de água ou *buble pipe*.

## 106 | Os libaneses

Essa forma peculiar de se fumar tabaco possui, na cultura libanesa, uma importância sociocultural significativa, ainda que não seja uma prática exclusiva do país nem uma unanimidade entre os libaneses. Na verdade, o hábito do uso do arguile está enraizado em uma rede complexa de questões sociais, culturais e de saúde estreitamente relacionadas entre si no Líbano. A questão divide a população local com larga vantagem para os defensores do costume "arguileiro". O fato mais marcante do peso do arguile na cultura libanesa é a recente tentativa de proibição desses cachimbos em espaços públicos pelo governo libanês. Em 3 de setembro de 2012 entrou em vigor no país a Lei n. 174 que, entre outras medidas, tentava vetar a comercialização e o uso do arguile em bares, cafés e restaurantes. Vários setores da população protestaram contra o que consideraram ser uma regra arbitrária que se sobrepunha a uma prática histórica e um meio cultural de socialização no Líbano. A Lei n. 174 teoricamente continua em vigor no país, porém é ignorada por seus habitantes e negligenciada pelos agentes públicos que deveriam aplicar duras multas aos estabelecimentos infratores. Essa incoerência entre o que a lei diz e o que parte da população quer é a cara do Líbano, pois revela o embate entre uma sociedade civil zelosa por suas tradições e um Estado nacional pretensamente modernizador e certamente frágil.

A força da cultura "arguileira" árabe pode ser explicada por meio do trabalho do médico e pesquisador tunisiano Kamal Chaouachi, que ressalta a necessidade de se olhar para o arguile não apenas como um problema sanitário, como se faz com outros tipos de consumo de tabaco no Ocidente, a exemplo do cigarro e do charuto. De acordo com Chaouachi, existem outras três dimensões do problema que precisam ser consideradas: seu lugar privilegiado no ambiente cultural árabe-islâmico, seu uso específico, além de sua história e recente reapropriação cultural. Não cabe aqui destrinchar cada uma dessas perspectivas utilizadas por Chaouachi, mas, em linhas gerais, é preciso compreender o caráter social e simbólico dessa prática em culturas nacionais do Oriente Médio, como a libanesa.

Como símbolo cultural, o arguile vem se mesclando a situações de tensão política que encarnam o confronto entre projetos de modernização ocidentalizada e heranças culturais de grupos étnicos específicos. Por tornar pública e evidente a raiz cultural árabe-oriental de muitos de seus adeptos, o arguile sofre proibições originalmente de cunho sanitário, mas que, na verdade, refletem preconceitos particulares. O Dr. Chaouachi faz menção a alguns exemplos em distintos países: na Tunísia do início da década de 1990, quando o país queria atrair turistas, vendendo a imagem de uma ilha ocidentalizada de estabilidade no norte da África, o governo baniu o uso de arguiles nos terraços dos cafés. A ideia era "desorientalizar" a

Homens descansando e fumando nas ruínas de Baalbek. litografia de Louis Haghe/David Roberts, 1839.

O consumo do tabaco em arguiles povoou a imaginação de artistas ocidentais a partir da segunda metade do século XVIII. A arte orientalista europeia fez do arguile parte da paisagem oriental romantizada.

imagem do país para os turistas que chegavam, deixando a paisagem urbana menos "arcaica". Na Tailândia, que possui uma barulhenta minoria islâmica em conflito com o governo central, a proibição do arguile foi instituída em 2003, respaldada por artigos científicos que falavam em uma "epidemia" de tabagismo no mundo. É fato que, no caso tailandês, só havia um grupo étnico diretamente atingido pela lei "sanitária". Casos parecidos foram registrados por Chaouachi em Israel (2005) e na cidade norte-americana de Seattle (2007). No Líbano, a já citada Lei n. 174 parece ser herdeira da imposição de uma imagem do país alicerçada em argumentos pretensamente científicos e de saúde pública. A diferença em relação aos outros casos citados é que a marca cultural da socialização representada pelo arguile se sobrepôs às canetadas políticas.

Em ruas, comércios e lares de cidades como Beirute, Jbeil, Zahle ou Trípoli, muitos consideram que a característica de o arguile poder ser consumido em grupo reforça, pelo convite para fazer parte dessa experiência, sua condição de sinal de intimidade que anula diferenças sociais, econômicas e étnicas em favor da camara-

# 108 | Os libaneses

dagem. É claro que há certa aura de romantismo nessa visão, mas, de todo modo, a recusa dos libaneses em aderir à lei mostra que o arguile não é um simples objeto do cotidiano, mas, sim, um símbolo identitário nacional que transforma cada café em um microcosmo da sociedade e serve como um belo pretexto para a conversação, principalmente sobre temas como política, esportes e relações amorosas.

Tão polêmica quanto a proibição do arguile é a sua origem, marcada por desencontros entre seus mitos de surgimento e as comprovações históricas que atestam a veracidade das informações sobre sua procedência. Sabe-se que seu primeiro uso tabagista não pode ser anterior ao século XVI, quando os europeus difundem pelo mundo o consumo do tabaco encontrado nas Américas pós-descobrimento. Sua origem é reivindicada por povos distintos como indianos, turcos, persas, africanos e árabes, mas os primeiros vestígios arqueológicos de cachimbos de água são registrados nas regiões sul e leste da África. Do ponto de vista histórico, em relação à sua função de sociabilidade entre árabes muçulmanos, o uso do arguile remete ao ritual de quebra do jejum, próprio das noites do período do Ramadã, acompanhado de grandes refeições que reforçam a importância da comida entre árabes, como os libaneses.

Mas as controvérsias contemporâneas sobre a identidade cultural do arguile têm um peso ainda maior sobre as mulheres do Líbano. Enquanto essas mulheres buscam o reconhecimento da igualdade de gênero no mundo contemporâneo, transformam-se em vítimas das opiniões conservadoras de ativistas políticos religiosos e ocidentais que, por razões distintas, tentam estabelecer certo controle sobre o que as libanesas fazem com o seu corpo, mesmo que sejam seus pulmões e gargantas. Em certas regiões mais puritanas, fora dos grandes centros urbanos, as mulheres são malvistas quando fumam arguile em público ou mesmo em seus próprios lares. Essa condição hipócrita da cultura local está entrelaçada ao reconhecimento da participação feminina em ações de cunho político-nacionalista, que reforçam, infelizmente, a diferença de papéis sociais distintos entre homens, que possuem certa liberdade de ação política, e mulheres, confinadas a atos de transgressão nos meios domésticos de países do Mediterrâneo oriental como Líbano, Síria e Turquia. É claro que isso ganha proporções diferentes de acordo com o grau de identidade laica que os países possuem, porém não há dúvidas de que em muitos casos, como no Líbano, permitir que as mulheres fumem arguile em público é um ato de transgressão política que merece destaque.

Na verdade, a prática do uso do arguile é parte do surgimento de uma nova identidade cultural popular, independentemente das questões de gênero e dos pudores religiosos. O consumo de tabaco em cachimbos de água, por homens e mulheres, tem se transformado em ato de resistência aos valores vigentes. Dar visibilidade cultural ao arguile no Líbano não se relaciona com uma simples apologia ao seu uso, mas confere notoriedade aos valores culturais de socialização (que também se observam nos banquetes de pratos típicos), tanto na sociedade local como nos redutos de imigração onde se encontram os libaneses em diáspora, como Brasil, Estados Unidos, Canadá, Austrália e Venezuela.

Outra questão oportuna que é diretamente atingida pela polêmica em torno da proibição do consumo de tabaco nos arguiles é o impacto social e econômico de sua interdição. Em um bar, restaurante ou café no Líbano você não vai encontrar apenas os garçons, cozinheiros e porteiros que trabalham para a manutenção desses espaços de socialização, mas também vai se deparar com muitas pessoas empregadas para gerenciar o consumo de arguile. Há o funcionário que mantém acesos os carvões, um trabalho difícil e exaustivo. Depois, há o "garçom" do arguile, responsável por trazer o artefato à mesa do consumidor, já montado com o tabaco aromatizado, ao gosto do freguês. Ele carrega a sua biqueira própria, que fica na extremidade da mangueira que toca os lábios do cliente. Esse "garçom" testa a densidade e força da fumaça produzida pelo arguile, e, quando considera que tudo já se encontra perfeitamente disposto, por razões higiênicas, entrega a biqueira individual ao frequentador. Calcula-se que em estabelecimentos comerciais destinados ao consumo de tabaco em arguiles haja o emprego de, em média, 10 funcionários. Considerando que o Líbano possua cerca de mil lojas com esse propósito, a simples proibição do arguile poderia rapidamente criar uma massa de 10 mil desempregados, sem falar nos agricultores que cultivam o tabaco no sul do país, os funcionários que processam esse produto em indústrias especializadas e os comerciantes de tabaco e acessórios para cachimbos de água em geral.

## AS QUESTÕES ÉTNICAS: QUANDO XINGAR É UMA ARTE

Um dos maiores patrimônios da cultura árabe em geral é a sua língua, que pode servir para testemunhar a beleza do mundo por meio de poemas épicos e grandes textos literários como o *Livro das mil e uma noites*, ou para revelar a sordidez humana pelo uso de insultos e palavrões. Algumas características da língua árabe precisam ser conhecidas para que certos códigos de linguagem da cultura libanesa sejam compreendidos. É claro que o árabe não é a única língua falada no Líbano. Apesar de ser a língua oficial do país, o árabe convive com o uso frequente do inglês em áreas de grande circulação de turistas, como os grandes centros urbanos, do francês, que sobrevive principalmente nas comunidades cristãs maronitas, das línguas étnicas e litúrgicas de grupos específicos como armênios, curdos e gregos, da língua franca de populações imigrantes que vão ao Líbano sob a condição de mão de obra para trabalhos subalternos como os jovens da Etiópia, do Sri Lanka e das Filipinas, e, por fim, até mesmo do português brasileiro falado em algumas cidades e vilarejos com grande quantidade de pessoas que em algum momento da vida viveram no Brasil. Esse é o caso de certos povoados do Vale do Bekaa, como Sultan Yacoub, Lucy e Kemed al-Lauz, entre outros.

Porém, não há dúvidas de que o árabe é a língua oficial do Líbano, como prevê o artigo 11º de sua Carta Constitucional, ao lado do francês, que é reconhecido como língua de uso corrente no Estado pós-independência. O árabe é parte de um conjunto de antigas línguas semíticas do Oriente Médio, ao lado do amárico, do amonita, do aramaico, do acadiano, do edomita, do fenício, do hebraico, do mandeu, do ugarítico, do siríaco, do tigrínia e de muitas outras, a maioria já extinta ou em processo de desaparecimento pela diminuição dos seus falantes tanto por questões históricas como por conflitos étnico-religiosos. Em linhas gerais, o árabe ganhou solidez a partir da revelação da mensagem divina feita pelo profeta Muhammad no século VII, convertendo-se em língua oficial da nova religião islâmica inaugurada nos anos seguintes. O árabe se expandiu por todas as regiões do Império Islâmico, influenciando outras línguas modernas em um vasto território que vai da Indonésia a Portugal, sendo hoje a 6ª língua mais falada no mundo, com cerca de 300 milhões de falantes nativos.

Um grande número de palavras da língua portuguesa é diretamente influenciado pelo árabe, não apenas os vocábulos que começam com o artigo árabe "al", como alface, algoz, algodão e almofada, mas também outras como javali, garrafa, azeitona etc. É impossível determinar o número exato de palavras da língua portuguesa decorrentes do arabismo. O que se pode afirmar é que seja no idioma trazido pelos colonizadores portugueses no século XVI ou nos usos e novos vocabulários incorporados ao português no Brasil pela chegada dos imigrantes sírios e libaneses a partir do século XIX, não estamos tão distantes dos árabes como a geografia sugere.

O maior problema para se entender o fluxo de influências que a língua árabe sofreu e impôs às outras línguas e culturas com que teve contato ao longo da história é a própria complexidade idiomática do árabe no mundo contemporâneo. Quando se fala em "língua árabe" hoje, deve-se considerar pelo menos três ramos distintos de uso desse idioma, divididos em maneiras diferentes com que o árabe é falado no mundo. O primeiro deles é o chamado "árabe clássico" ou "*lugha*", que é a linguagem divina do Alcorão para os muçulmanos. Alguns estudiosos consideram que essa forma clássica da língua árabe é fortemente influenciada pela poesia antiga pré-islâmica e passou a ter suas regras sedimentadas pelo texto corânico. O uso dessa forma de comunicação do árabe é concentrado em atividades acadêmicas e religiosas de especialistas e, portanto, possui um uso social bastante limitado.

A segunda forma geral da língua árabe é o chamado "árabe moderno" ou "*fusha*", uma forma simplificada do árabe clássico. Trata-se da língua árabe utilizada nas escolas, nos centros de instrução pública, nos meios de comunicação em geral e nos documentos oficiais que circulam por órgãos internacionais e entre países árabes. A língua árabe *fusha* permite certo grau de homogeneização da cultura árabe e o entendimento entre arabófonos com realidades históricas diferentes como os cidadãos de países como o Líbano, o Djibuti e o Marrocos, por exemplo.

Por fim, o último uso do árabe a ser destacado é o chamado "árabe comum" ou "*ammiya*", que sofre diversas variações de acordo com a região em que é falado. Trata-se de um conjunto de formas vernaculares do árabe *fusha* adaptado a usos sociais específicos. É o árabe que se fala nas ruas e nas atividades cotidianas dos indivíduos, com profundas variações entre países distintos e, às vezes, dentro do mesmo país. Os diversos tipos de árabe *ammiya* marcam diferenças de vocabulário significativas entre, por exemplo, o árabe falado no Líbano e o árabe falado em qualquer outro país culturalmente chamado de "árabe". Para melhor evidenciar essas alterações vocabulares cabe um exemplo. Em árabe *fusha*, o número 2 é definido pelo vocábulo "*ithnan*". Na versão *ammiya* falada no Líbano, a palavra para o número 2 é "*tnem*", enquanto no árabe *ammiya* "marroquino", é "*juj*".

Pode parecer estranho, mas essas diferenças profundas entre uma forma "padronizada" da língua e suas múltiplas variações locais não está tão distante da nossa realidade. A língua árabe sofre um processo histórico muito parecido com o que deu formas às diversas línguas latinas do mundo, se pensarmos as diferenças entre o português, o italiano e o romeno, a partir de uma forma de latim clássico comum. Por essa razão, ao analisar a língua árabe no Líbano, cabe dar maior atenção a termos e expressões falados cotidianamente nas ruas do país, e, para isso, nada melhor do que os palavrões e os insultos que marcam claramente a essência da cultura libanesa. Nesse sentido, a linguagem obscena é um reflexo da sociedade que a produz porque mantém como regra de sociabilidade o que de mais profundo e interdito pode ser extraído da cultura oral de um povo. Além da comida e do ócio, os xingamentos também revelam a alma de um povo, e, entre os libaneses, a linguagem obscena é quase um orgulho nacional, principalmente ao se considerarem os inúmeros momentos de conflito e instabilidade vividos pelo Líbano ao longo de sua história, seja por povos estrangeiros ou mesmo por grupos religiosos e étnicos distintos dentro do próprio país. Não há dúvida de que,

# 112 | Os libaneses

quando as armas não respondem aos anseios de um grupo político, os insultos e xingamentos servem muito bem ao mesmo propósito.

Para que este texto não seja uma coleção de palavrões que revelariam o lado menos sutil dos libaneses, cabe escolher dois insultos que melhor mostrariam o modo genuinamente local de se usar a língua árabe para atingir o inimigo. De maneira geral, em um contexto de confronto político, os palavrões têm a função de descaracterizar a fala e as ideias do oponente, envolvendo o ofensor e o ofendido em um jogo de interação cultural. Geralmente, na maioria das línguas espalhadas pelo mundo, a linguagem obscena relaciona dois tabus incontestáveis: a família e o sexo. A desqualificação moral e sexual de um parente é sempre uma estratégia simbólica eficaz para humilhar o oponente. Essa forma popular de ofensa evidentemente existe e é muito comum no Líbano, mas merece destaque aqui a forte característica de alguns palavrões libaneses que se destacam pela sua densidade metafórica. Em geral, são palavras e expressões que manifestam uma atitude transgressora do ofensor em relação a proibições sociais e posturas políticas ou identitárias específicas. Existem também formas ofensivas para se referir a figuras religiosas específicas de cada comunidade confessional em oposição no Líbano, principalmente entre muçulmanos sunitas e xiitas, mas a proposta dessa discussão não é reproduzir os insultos, e sim entender o peso do conflito na cultura oral libanesa.

Desse modo, o primeiro insulto corrente entre os libaneses a ser destacado aqui é o clássico "*khara bi shwerbek*", na tradução aproximada: "merda no bigode". Ao se dirigir ao oponente, dizer que ele tem "merda no bigode" é um eufemismo costumeiro para desqualificar qualquer coisa que o outro diga. Considerando a divergência de ideias e de posições como a base do exercício da política, a descaracterização do que o outro fala é um insulto que não atinge apenas o interlocutor, mas alcança principalmente as ideias que saem da boca do ofendido. Esse é um dos xingamentos mais conhecidos do Líbano e ainda circula com toda força entre as comunidades de imigrantes libaneses espalhadas pelo mundo. É fato que o tradicional "*khara bi shwerbek*" não é uma exclusividade do árabe libanês, mas, sem dúvida nenhuma, pelo uso frequente, foram os libaneses que popularizaram a maneira mais metafórica de se dizer que as palavras de alguém não possuem nenhum valor.

Deixando a escatologia de lado e partindo para um contexto mais agressivo, há que se reconhecer o potencial destrutivo de outra expressão obscena comum aos libaneses em situações de conflito: "*alif air bi dinek*", ou seja, "mil pênis em sua religião". Em um primeiro momento, esse insulto não parece tão distante da maioria das ofensas presentes em outras línguas e culturas. A relação entre órgão sexual e tabu social é óbvia e concentra em si o caráter ultrajante da palavra proferida. Mas o que faz desse insulto uma ação especial no contexto histórico libanês é a associação da obscenidade com a religião do ofendido, um símbolo evidente de identidade étnica e comunitária no Líbano. Ao se considerarem fatores históricos importantes de enfrentamento entre grupos étnicos e religiosos na formação do Estado libanês, o peso dessa ofensa ganha dimensões políticas, já que conflitos como os que causaram massacres entre drusos e maronitas na segunda metade do século XIX e a própria Guerra Civil Libanesa, iniciada em 1975, são feridas abertas com consequências sociais no Líbano até hoje.

Nos momentos em que a sociedade civil libanesa passou por um processo de militarização e enfrentamento direto entre suas comunidades étnico-religiosas, as estratégias de luta contra o inimigo não se limitavam ao confronto bélico tradicional, mas também à disputa simbólica de ridicularização pública do oponente. Nesse caso, mesmo que as ofensas ao outro não sejam uma novidade instituída pelas crises políticas e sociais da história libanesa, os insultos ganham um sentido político no interior de uma sociedade civil repartida. O xingamento dos símbolos de identidade do outro não apenas ridiculariza o inimigo, como também ajuda a reforçar os laços de identidade entre indivíduos pertencentes ao grupo dos ofensores.

Considerar a linguagem obscena um elemento importante da cultura libanesa não significa traçar um perfil violento ou belicoso dos libaneses em geral. A ideia aqui é desmistificar a impressão generalizada de que não se pode entender a cultura libanesa sem elementos morais e sagrados. A comida, o consumo de tabaco por uma forma específica e o uso de linguagem obscena são apenas alguns dos signos de um universo cultural amplo e que sobrevive ao tempo. Por trás das regras e ingredientes da boa mesa estão os símbolos da hospitalidade e da fartura; das maneiras de se consumir o tabaco, a cultura do prazer e do litígio entre a lei e o costume; e, por fim, por trás do xingamento está a face mais humana e sectária de uma sociedade falsamente representada pelo moralismo religioso.

Por isso, o Líbano é o lugar onde comer é um dever, respeitar a lei é uma escolha e ofender é uma arte poética.

# OLHA O QUIBE! PROBLEMAS ATUAIS E DESAFIOS

## MUITO SULTÃO PARA POUCA ODALISCA: A POLÍTICA E O ESTADO

A hora mais difícil de falar sobre o Líbano é aquela em que é preciso descrever o país que a maioria dos libaneses quer evitar. Ao se pensar sobre os males que afligem o que se quer bem, não se pretende destruí-lo ou maltratá-lo, mas, sim, apresentar um futuro a ser sonhado, em oposição total a tudo o que se discutirá nos parágrafos seguintes. Não há espaço para lamentos, devaneios e surpresas diante de uma realidade a ser superada. Esse tipo de afeto que critica não é cego e comprometido com interesses particulares. As declarações ufanistas sobre um presente esperançoso cedem lugar para o desejo real de que mudanças profundas logo se concretizem.

De todos os problemas que afetam o Líbano contemporâneo, parece óbvio que o sectarismo (apresentado nos capítulos anteriores) é o mais intenso. A situação histórica do país fez de seu Estado um modelo frágil de poder, comandado por uma classe política que se mantém fiel às posições intransigentes da Guerra Civil e aos seus próprios interesses. Ironicamente, muitos cientistas políticos definem o sistema político libanês como uma "democracia consensual", formado por uma maioria absoluta composta por arranjos negociados entre minorias comunitárias. Esse modelo parece bonito no papel e pode funcionar em países europeus como a Bélgica (há controvérsias) e a Suíça, mas, na maioria das vezes, o que é bom para a Europa é péssimo para o resto do mundo.

No caso do Líbano, a base de sua democracia consensual é a obrigatoriedade de registros e listas eleitorais específicas para cada comunidade. A questão central da separação do sistema político em representações eleitorais étnico-religiosas é que a divisão direta da população libanesa em grupos comunitários é excessivamente simplista e impede a consolidação de uma identidade nacional. A repartição dos votos e cargos públicos por grupos políticos confessionais mascara e silencia outras

# 116 | Os libaneses

diferenças de posição política na sociedade civil libanesa, tais como a simpatia por potências regionais e internacionais, a defesa de projetos de nação distintos e até mesmo a união de forças sociais favoráveis à secularização do país. Os beneficiados por esse sistema político comunitário são sempre os membros de um grupo formado por elites religiosas e familiares que utilizam o Estado libanês para propósitos exclusivistas. Por trás desse modelo de democracia consensual está a manutenção de uma aliança histórica entre lideranças religiosas, atores internacionais e políticos locais ambiciosos, todos reticentes à perda de prestígio que a formação de um Estado libanês secular forte pode representar.

No campo da política, a consequência desse emaranhado de interesses é a existência de um Estado nacional acostumado a viver em um clima constante de instabilidade política e com poucos vínculos com a sociedade civil. Não é de se estranhar que sucessivos governos enfrentem crises, e as demissões de ministros sejam comuns em um país que pode passar meses, e até anos, acéfalo, sem um presidente da República empossado. Quando a demissão de um ministro não se concretiza, os assassinatos políticos "misteriosos", principalmente ataques à bomba, são uma realidade que, de tão comum, vem perdendo sua capacidade de chocar a população libanesa e a opinião pública internacional. Desde fevereiro de 2005, quando um desses atentados assassinou o primeiro-ministro Rafiq Hariri, uma sequência de novos crimes atingiu o país, não se limitando apenas à classe política, mas transformando qualquer cidadão crítico a certos interesses estrangeiros no Líbano em alvo potencial. A lista de políticos, militares, jornalistas e ativistas em geral mortos nesses atentados é enorme. Os anos entre 2005 e 2013 foram o período em que os assassinatos de civis libaneses tiveram maior incidência. Para muitos libaneses, o sectarismo e o voto comunitário são estratégias de proteção que substituem o papel ainda não exercido pelo Estado nacional.

Além da perda da vida de inúmeros cidadãos libaneses, que deve ser nossa maior preocupação, os atentados inquietam a todos que reconhecem a necessidade de mudanças profundas no sistema político libanês. Entre as vítimas dessa incômoda situação estão duas figuras públicas emblemáticas que merecem ser destacadas. A primeira delas é o historiador e jornalista Samir Kassir, morto em 2 de junho de 2005 quando uma bomba foi colocada em seu automóvel. Kassir era um proeminente colunista do jornal *an-Nahar* e ganhou notoriedade por seus textos contrários aos governos pró-Síria do Líbano. Poucos dias depois, em 25 de junho, o ex-líder do Partido Comunista Libanês e crítico às posições a favor da Síria e de Israel no país, George Hawi, teve o mesmo destino de Kassir.

A posição do Estado libanês diante dos atentados é ambígua. Ainda que o preâmbulo da Constituição Nacional e seu artigo 95, revistos em 1990, defendam a abolição gradual do sectarismo político, pouquíssimas práticas efetivas são implantadas para a concretização desse objetivo. Esse silêncio oficial favorece a tensão entre grupos políticos e religiosos, principalmente entre muçulmanos sunitas e xiitas, atingindo também diferentes setores cristãos do país. Isso reforça o argumento de que a simples divisão política do país entre cristãos e muçulmanos, comum entre analistas internacionais para explicar a instabilidade histórica do Líbano, é uma ferramenta interpretativa ultrapassada.

Ainda no campo político, mas envolvendo diretamente a sociedade local, está a defesa dos direitos civis dos libaneses não dependentes das filiações e instituições étnico-religiosas. Um desses direitos ainda em negociação é o do casamento civil, uma realidade comum a muitos países considerados laicos e democráticos no mundo contemporâneo, mas um tabu hipócrita no Líbano. Uma brecha nas leis libanesas instituída no período colonial, em 1936, garante que qualquer cidadão que não faça parte dos grupos étnico-religiosos reconhecidos oficialmente possa se casar por meio de um matrimônio civil. A partir dessa exceção, muitos libaneses favoráveis à secularização do país optam por retirar a filiação comunitária de seus documentos de identidade. Dessa forma, sem vínculo claro com qualquer grupo sectário oficial, os libaneses passam a ser enquadrados na regra de exceção do casamento civil, e assim não precisam viajar ao exterior para conseguir o reconhecimento civil de seu casamento.

Entretanto, a revisão constitucional de 1990 afirma o compromisso das leis libanesas com a Declaração Universal dos Direitos Humanos, que garante claramente a todos o reconhecimento do casamento, sob qualquer condição. O problema maior de optar pela desvinculação ao sistema confessional é a perda de outros direitos. Com a retirada do vínculo comunitário, o cidadão pode enfrentar problemas na hora de votar e para conseguir alguns documentos como o passaporte. Por essa razão, muitos habitantes do Líbano favoráveis à secularização do país mantêm seu reconhecimento étnico-religioso nos documentos, mas escolhem se casar em países vizinhos como a Grécia e o Chipre, amparados pela lei libanesa que garante a validade do casamento pelas normas estrangeiras.

No geral, apesar das dificuldades, os casamentos entre pessoas de confissões religiosas diferentes crescem exponencialmente no Líbano, a ponto de o Estado não poder ignorar a incidência dessa prática. Um exemplo recente disso foi o casamento da muçulmana sunita Kholoud Sukkarieh com o muçulmano xiita Nidal Darwish em novembro de 2012. Esse matrimônio contrariou a posição conservadora de lideranças religiosas e passou a ser reconhecido como o primeiro casamento civil em território libanês. Pela lei, a união civil no Líbano deve ser feita entre um homem e uma mulher, com a vontade pública dos noivos e diante de um líder religioso. Kholoud Sukkarieh

## 118 | Os libaneses

e Nidal Darwish apenas desrespeitam a última dessas regras, o que obriga o Estado libanês a se posicionar diante dessa excepcionalidade. Em setembro de 2013, o casal anunciou o nascimento de seu filho, Ghadi, e tornou pública a opção de registrá-lo sem nenhum vínculo sectário. Esse acontecimento foi celebrado como um passo importante para que o sistema sectário seja desmantelado no Líbano, conclamando outros cidadãos a seguirem o exemplo dessa nova família.

As conclusões que se podem retirar desse episódio é que o sistema confessional libanês está completamente ultrapassado, e sua abolição é a questão mais urgente da agenda política do país.

## O PECADO MORA AO LADO: OS VIZINHOS E OS INTERESSES ESTRANGEIROS

Uma velha metáfora que circula entre os libaneses maronitas pode dar uma ideia da influência externa nos problemas do Líbano atual. Sempre que o tema da interferência de outro país na política libanesa vem à tona, alguém recorda a imagem de que o Líbano é como um apartamento luxuoso de frente para o mar. É o melhor e mais caro imóvel da área, mas possui péssimos vizinhos. O que adianta ter uma excelente residência se a vizinhança não o deixa dormir? Essa imagem parece fazer sentido se a atuação de agentes externos no país se resumir a Israel e Síria. Porém, no caso do Líbano, parece que não somente os vizinhos diretos têm responsabilidade sobre suas insônias, mas há gente barulhenta vinda de localidades mais distantes. Essa discussão não pretende diminuir a responsabilidade dos próprios libaneses nos seus problemas internos, mas é fato que a fragilidade de seu Estado permite que muitos conflitos regionais e mundiais sejam transferidos para o território libanês. Além dos agentes internacionais de importância histórica para todo o Oriente Médio, como Estados Unidos, Rússia, Inglaterra e França, outros países fazem do Líbano o palco de suas políticas externas agressivas e unilaterais. Os principais atores externos regionais que interferem direta ou indiretamente na política interna do Líbano são: Síria, Israel, Arábia Saudita e Irã (com Qatar e Emirados Árabes Unidos dando seus primeiros passos).

A República Árabe da Síria, que, desde 2011, se encontra envolvida em uma guerra civil catastrófica, é uma agente de importância histórica no Líbano. No período otomano, os dois países faziam parte da mesma província do império, chamada em árabe de *Wilayat al-Suri* (divisão administrativa da Síria) oficialmente desde 1865, que era composta pelos atuais Líbano, Síria, Jordânia, Israel e Palestina, sendo que Jerusalém ganhou o *status* de mutassarifato independente. Em 1888, uma nova separação administrativa criou o *Wilayat* de Beirute, que conferia certo grau de independência ao litoral Mediterrâneo da província otomana da Síria.

Com o fim do Império Otomano e a chegada dos franceses, a divisão de Líbano e Síria em Estados nacionais separados começou a ser construída. Ao longo da segunda metade do século XX e da concretização das fronteiras atuais entre os dois países, os movimentos de reunificação dessas fronteiras foram ganhando espaço político em ambos os países, ainda que uma parcela considerável da população libanesa fosse reticente à formação de uma "Grande Síria". O capítulo "Turco é a mãe! As raízes do Líbano" deste livro discutiu alguns dos detalhes dessa querela, atualmente posta em segundo plano diante do futuro incerto da Síria sob o comando de Bashar al-Assad. Ao longo da Guerra Civil Libanesa, a interferência síria no Líbano passou a ser ainda mais frequente, e os Acordos de Taif, que deram fim ao confronto, permitiram que a intromissão se prolongasse, ainda que previsse a retirada paulatina das tropas sírias do Líbano.

A partir do ano 2000, a República Árabe da Síria, comandada pela família al-Assad, reforçou sua condição de agente desestabilizador da política interna libanesa por defender que o Líbano é parte do projeto de uma "Grande Síria". Uma parcela considerável dos assassinatos de libaneses envolvidos em questões políticas é atribuída ao governo sírio, principalmente a morte do primeiro-ministro Rafiq Hariri. Em 13 de agosto de 2008, Líbano e Síria estabeleceram oficialmente relações diplomáticas pela primeira vez, mas até o começo da Guerra Civil Síria, em 2011, o governo de Damasco não deixou de usar o Líbano como uma espécie de escudo anti-Israel por meio de apoio a grupos políticos libaneses em confronto direto com os israelenses como o Hezbollah. No contexto da atual crise síria, cidades libanesas como Trípoli já vivem um cenário de enfrentamento entre aliados e opositores de Bashar al-Assad. Além disso, o Líbano tem sido uma das principais rotas de fuga dos refugiados que tentam escapar das atrocidades da Guerra Civil na Síria. A agência das Nações Unidas para refugiados (UNHCR) calcula que, em 2015, haja no Líbano mais de 1 milhão de cidadãos sírios vivendo em abrigos precários, principalmente nas regiões do Vale do Bekaa, Beirute, Tiro e Trípoli.

Ao lado dos sírios, a incômoda vizinhança libanesa é formada também pelo Estado de Israel. Ainda que ambos os países mantenham-se em estado de guerra desde 1948, o Líbano foi um dos primeiros oponentes a considerar a possibilidade de armistício com os israelenses em 1949. Historicamente, a presença de judeus no Líbano sempre foi uma realidade distorcida por trabalhos acadêmicos e dados oficiais. Sabe-se que a fuga desses cidadãos libaneses cresceu na mesma proporção dos conflitos árabe-israelenses ao longo do século XX. De todo modo, quando os judeus começaram a ser expulsos dos países árabes, muitos foram para o Líbano até sua segurança ser

120 | Os libaneses

ameaçada pela Guerra Civil Libanesa iniciada em 1975. Seja em nome da defesa dessa minoria no território libanês, ou com a justificativa de garantir sua proteção na fronteira norte do país, o governo israelense mantém certo monitoramento, e até o controle sobre territórios reivindicados pelo Estado libanês, como as Fazendas de Shebaa, uma pequena porção de terra entre Síria, Líbano e Israel. Entre 1978 e 2000, as Forças de Segurança de Israel ocuparam a fronteira do país com o Líbano até as margens libanesas do rio Litani, criando a chamada Linha Azul, com o argumento de que era necessário criar uma zona de exclusão entre os dois países capaz de garantir a suspensão das hostilidades entre as duas nações. Com a saída dos israelenses, esse território passou a ser controlado pelo Hezbollah, e atualmente continua sendo uma área de instabilidade, com o sequestro esporádico de soldados e civis.

Em linhas gerais, Israel mantém como interesse prioritário a eliminação da ameaça que o Hezbollah representa ao país no sul do Líbano, além da influência síria nessa área. O problema central dessa questão é que o governo israelense frequentemente abandona a negociação política e opta por invadir militarmente o Líbano, enfraquecendo ainda mais o frágil Estado libanês e reforçando o apoio local ao Hezbollah. Um dos momentos mais críticos das hostilidades entre ambos os países foi o ataque israelense ao território libanês no verão de 2006. Trinta e quatro dias após o início do ataque, o Conselho de Segurança das Nações Unidas emitiu a Resolução 1701, que estabeleceu um cessar-fogo entre Israel e o Hezbollah. Calcula-se que esse conflito causou a morte de cerca de 1.200 cidadãos libaneses, e mais de 4 mil feridos. Do lado israelense, as baixas seriam em torno de pouco mais de 150 pessoas, a maioria soldados, e aproximadamente mil feridos.

O objetivo central do conflito, que era a diminuição drástica ou a extinção da capacidade militar do Hezbollah, foi um fracasso para o governo israelense de Ehud Olmert. Para o Líbano, o confronto afetou gravemente a infraestrutura do país com a destruição de pontes, usinas de energia elétrica, escolas, além do impacto econômico geral no país e da morte de um número expressivo de civis.

Ainda no campo da política regional, a Arábia Saudita é um relevante agente histórico no Líbano, oscilando sua ação entre aproximações e afastamentos com grupos políticos libaneses específicos, de acordo com o cenário internacional. Entre os anos 1950 e 1960, os sauditas viam o Líbano como um escudo a proteger o resto do Oriente Médio da influência crescente do pan-arabismo secular do general egípcio Gamal Abdel Nasser. As pretensões de liderança regional do Egito tendiam a substituir a Arábia Saudita como guia natural dos povos árabes e islâmicos, e a aproximação com grupos políticos antinasseristas no Líbano era uma tendência natural para o governo de Riad.

Olha o quibe! | 121

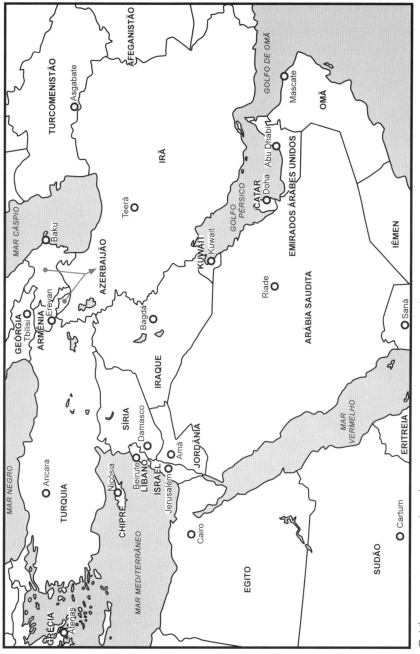

O Líbano, assim como Israel, é um país pequeno em termos de território e bastante afetado pelos conflitos geopolíticos que ocorrem no Oriente Médio.

## 122 | Os libaneses

Ao longo dos anos 1970 e 1980, o Egito perdeu força como um ator regional de grande risco aos interesses sauditas, principalmente após a morte de Nasser. Nesse contexto, o Líbano deixou de ser uma prioridade para a política regional da Arábia Saudita, o que permitiu que a Síria transformasse o mosaico político libanês em uma área sob sua influência direta. As posições sauditas sobre a Síria mostram-se vacilantes, retirando o peso de Riad nos caminhos da Guerra Civil Libanesa. A importância política dos sauditas somente volta a crescer no Líbano entre fins dos anos 1980 e início dos anos 1990 com as negociações para o término da Guerra Civil e a assinatura da Carta Nacional de Reconciliação na cidade saudita de Taif. A reconstrução do Líbano, encabeçada por Rafiq Hariri a partir de 1992, contou com a participação ativa da Arábia Saudita, já que Hariri construiu sua fortuna com empreendimentos imobiliários nesse país e adquiriu em 1978 a cidadania saudita em contrapartida aos serviços prestados ao reino.

A partir de 2006, os sauditas aumentaram sua ação no Líbano, principalmente em cenários de crise, como na invasão israelense desse mesmo ano, e nas consequências atuais da fragmentação da Guerra Civil Síria para parte do território libanês. Entre 2006 e 2008, a Arábia Saudita depositou 2 bilhões de dólares no Banco Central libanês para aumentar as reservas de moeda estrangeira e aliviar a pressão do mercado internacional na economia de um país debilitado pelo conflito. Por trás dessa ação financeira, começava a ser desenhada uma nova política do governo de Riad para conter o avanço de Síria e Irã no Líbano.

Já com os olhos voltados para a Guerra Civil da Síria, a Arábia Saudita passou a considerar que era preciso enfraquecer as forças políticas xiitas na região do Levante, o que representaria o fortalecimento de grupos políticos sunitas na Síria e no Líbano, o afastamento da influência política do Irã em ambos os países e, como consequência, o sufocamento do maior aliado iraniano no Líbano: o Hezbollah. Com esse propósito, a Arábia Saudita anunciou em fins de 2013 o envio de 3 bilhões de dólares ao Líbano para a compra de armas e munições a serem vendidas pela França ao seu exército. Em 2010, o Irã tentou uma iniciativa parecida, que foi recusada pelo governo libanês. Além da surpresa de que França e Arábia Saudita estariam vivendo um processo de aproximação política, em substituição ao encolhimento dos Estados Unidos no Oriente Médio durante a administração de Obama, a ação saudita é um dos primeiros movimentos de ajuda ao Líbano que visa de forma pragmática à criação de uma força militar concorrente ao Hezbollah.

Entretanto, é claro que a ajuda franco-saudita tem sido tomada com reserva por muitos libaneses, independentemente do apoio dos críticos da proposta ao

Hezbollah. Não se pode ignorar que Israel jamais assistiria à formação de um contingente militar libanês sem levantar questões sobre sua própria segurança. A França poderá fornecer helicópteros, tanques e armas para o Líbano, mas certamente não incluirá qualquer armamento que ofereça risco estratégico à Israel. É provável que a defesa aérea e naval libanesa não seja beneficiada pela ajuda financeira e militar de franceses e sauditas. O Líbano somente será um aliado importante para o governo de Riad se utilizar, em um futuro ainda incerto, suas armas francesas contra o "inimigo certo": as tropas de Bashar al-Assad na Síria e todos os aliados do Irã na região.

Um dos últimos atores regionais de grande impacto para a política interna do Líbano é a República Islâmica do Irã. A melhor maneira de entender a relação de amor e ódio entre os libaneses e o governo de Teerã é descrevendo a visita do então presidente iraniano Mahmoud Ahmadinejad em outubro de 2010. Enquanto uma massa de libaneses xiitas recebia calorosamente o político iraniano, sunitas e cristãos não contiveram sua insatisfação com a visita. Não por acaso, o percurso de Ahmadinejad no Líbano se restringiu a áreas controladas pelos xiitas no país, tais como as redondezas de Baalbek e o distrito de Bint Jbeil. Um mês depois, em novembro, o primeiro-ministro turco Recep Tayyip Erdogan, visto como um aliado dos sunitas libaneses, realizou uma curta visita ao país que foi malvista por muitos xiitas, tendo sua presença também gerado protestos públicos da comunidade cristã armênia do Líbano. O clima de hostilidade e admiração de setores distintos da sociedade civil libanesa mostra que as feridas dos tempos difíceis vividos pelos diversos grupos étnico-religiosos do país ainda é um grande desafio para os países com pretensão a liderança regional no Oriente Médio.

No caso do Irã, a história de sua influência no Líbano sempre esteve vinculada ao apoio que o governo iraniano dava a diferentes comunidades confessionais libanesas. Quando, na década de 1950, o xá Mohammed Reza Pahlevi conquistou certa estabilização do seu governo após o golpe contra o primeiro-ministro liberal Mohammed Mossadegh, foi possível ao Irã retomar seu antigo projeto de estabelecer uma conexão do país com o Mediterrâneo oriental. Para isso, Reza Pahlevi buscou uma aproximação com o Líbano por meio do apoio aos cristãos maronitas libaneses, que encabeçavam as decisões políticas do país. Os laços estreitos entre o império iraniano e a República do Líbano refletiam o desejo de Reza Pahlevi de conter as pretensões de liderança regional do presidente egípcio Gamal Abdel Nasser, em concordância com as ações da Arábia Saudita nesse momento. À medida que a oposição dos clérigos xiitas ao governo do xá crescia no Irã, aumentava também a atuação política de lideranças religiosas do xiismo no Líbano, o que freava a po-

## 124 | Os libaneses

pularidade de Reza Pahlevi junto aos xiitas libaneses. Nos anos 1970, em paralelo à ascensão da figura do aiatolá Khomeini no Irã, os xiitas do Líbano conferiram certo comando de sua comunidade a Musa al-Sadr, um religioso nascido no Irã, mas de grande influência na política libanesa. Ainda que tenha desaparecido após uma viagem à Líbia em 1978, pouco antes da revolução islâmica iraniana de 1979, Musa al-Sadr era próximo ao posicionamento político dos religiosos do Irã e suas críticas à Reza Pahlevi. Havia, portanto, um desajuste entre o xá e a comunidade xiita libanesa, já imersa nos horrores da Guerra Civil Libanesa.

Com a criação da milícia xiita Hezbollah em 1983, inspirada no modelo político e ideológico da República Islâmica do Irã de 1979, a identificação do governo de Teerã com o grupo xiita libanês recém-criado foi imediata. Já que um dos propósitos dos iranianos era exportar seu ideal revolucionário, dar suporte ao Hezbollah era uma maneira rápida de garantir que o Irã adquirisse protagonismo no jogo político regional do Oriente Médio; o que o xá Reza Pahlevi jamais conseguiu. Ao longo do conflito no Líbano, o Hezbollah assumiu a frente da luta contra a invasão israelense ao território libanês iniciada em 1982. Ao mesmo tempo que o Hezbollah retirava das organizações palestinas (majoritariamente sunitas) a condição de principais forças de resistência ao avanço de Israel no Oriente Médio, realocava o Irã na mais panfletária agenda da política regional: resistir à supremacia militar dos israelenses.

A interferência iraniana na política interna libanesa durante a Guerra Civil foi embasada em ações que garantiam a liderança do Hezbollah na comunidade xiita libanesa. De maneira complementar ao fornecimento de armas aos guerrilheiros do Hezbollah, o Irã esteve envolvido em uma campanha exitosa de convencimento dos principais líderes comunitários xiitas do Líbano a deixarem de dar suporte ao grupo miliciano concorrente, o Movimento Amal – historicamente vinculado a Musa al-Sadr desde 1975 e legitimado como partido em 1989 – e a se transferirem para as fileiras do Hezbollah. Uma vez assegurado seu vínculo com o mais atuante grupo xiita da Guerra Civil Libanesa, o Irã passou a se dedicar ao treinamento militar dos combatentes do Hezbollah. Por meio da Força al-Quds, uma unidade de elite da Guarda Revolucionária Iraniana (também conhecida como *Sepah Pasdaran*), o governo iraniano transformou o Líbano em uma das prioridades de sua política externa para o Oriente Médio.

O fim da Guerra Civil em 1990 trouxe uma mudança de posicionamento do Hezbollah no Líbano. Paulatinamente, ainda que sem abandonar as armas por conta da ameaça militar que Israel representa para a fronteira sul do Líbano, seus líderes passam a atuar na esfera política do governo nacional, transformando-se em partido político e ocupando cadeiras no Parlamento, além de ministérios em determinados momentos. Para construir um grau mínimo de confiança junto a setores não xiitas do país, o Hezbollah afasta-se do projeto de instauração de uma República Islâmica no

Bandeira do partido Movimento Amal. Formado por libaneses xiitas, atua no país desde o início da Guerra Civil. Abaixo, bandeira e cartaz do Hezbollah em Baalbek. Esse grupo divide com o Amal a liderança da comunidade xiita libanesa, contando com apoio da Síria e do Irã.

Yeowatzup (CC BY 2.0)

126 | Os libaneses

Líbano aos moldes da experiência iraniana, mas, isso não significa um descolamento entre o grupo e o governo de Teerã. O suporte militar não deixou de ser uma área estratégica de atuação do Irã no Hezbollah, mas, ao mesmo tempo que o grupo xiita conquista espaço político institucional no Líbano, as condições para a influência iraniana no país deixam de se restringir aos cenários de conflito. Não por acaso, nos últimos anos, ambos os países têm assinado acordos bilaterais de cooperação em setores-chave como energia e comércio internacional. O Irã ainda não é o maior parceiro comercial do Líbano, mas o crescimento dos negócios entre os dois países tem sido significativo.

As consequências dessa nova presença política do Irã no Líbano têm gerado frutos para Teerã, ainda que muitos libaneses sejam reticentes quanto à influência iraniana no país. No plano diplomático, o Líbano declarou seu apoio ao polêmico programa nuclear do Irã por considerá-lo pacífico e defendeu uma saída diplomática para os impasses em torno dessa questão. Em 2010, por exemplo, o Líbano foi o único país a se abster na votação referente à Resolução 1929 do Conselho de Segurança da ONU que versava sobre novas sanções contra o Irã motivadas por seu programa nuclear.

De todo modo, ainda existem muitas incógnitas sobre o futuro das relações entre Irã e Líbano. Ainda que a comunidade xiita libanesa venha se mostrando como uma força política cada vez mais atuante por conta do seu crescimento demográfico nas últimas décadas, esse aumento populacional não se traduz automaticamente em apoio ao Hezbollah ou à ingerência iraniana no país. A atuação do grupo xiita na Guerra Civil Síria ao lado das tropas do presidente Bashar al-Assad, por exemplo, tem colocado em questão o real envolvimento do Hezbollah com os anseios e necessidades do povo libanês. Do ponto de vista nacional, poucos setores sunitas e cristãos confiam verdadeiramente nas intenções do Hezbollah, que, apesar de forte no sul do Líbano, não possui lealdades políticas significativas em outras regiões do país. No entanto, não há dúvidas de que sempre que os olhos da opinião pública internacional estão voltados para alguma questão polêmica envolvendo o Irã, o Hezbollah pode preparar um problema militar para Israel que tem caído nessas armadilhas.

Na próxima vez em que seu vizinho der uma festa no apartamento por toda a madrugada, ou você tiver que votar o aumento das despesas do condomínio em assembleia, não se queixe: lembre-se do Líbano!

## AS MALDIÇÕES: ÁGUA E TURISMO

Nos últimos anos, vem aumentando a distância entre o Líbano presente na memória dos seus cidadãos e dos estrangeiros que conheceram o país, e o Líbano vivido por quem assiste suas transformações atuais. Nos poemas, na música e na lembrança dos que saíram ou passaram pelas terras libanesas, os relatos sobre as paisagens exuberantes, a diversidade de sua natureza e sua beleza idílica têm sido substituídos por um cotidiano com os mesmos problemas urgentes da grande maioria das cidades do mundo contemporâneo. O trânsito é caótico, os serviços públicos estão cada vez mais precários e, principalmente, a oferta de água no país tem se transformado em um problema. Se, antes, o Líbano era visto como um oásis de águas cristalinas em abundância, que fazia com que o país se destacasse em uma região famosa pela escassez hídrica como o Oriente Médio, na atualidade o que parecia uma bênção dos céus passou a ser uma questão dramática. O aumento da demanda por um recurso vital como a água e o descontrole da gestão desse recurso apontam para a transformação do Líbano em um país com grande potencial hidroconflitivo. Desde 2010, os libaneses enfrentam a maior seca dos últimos 50 anos, conforme registram a imprensa e as descrições de seus cidadãos.

De acordo com Bichara Khader em seu livro *El mundo árabe explicado a Europa*, publicado entre 2009 e 2010, o Líbano seria em 2025 um dos países do Oriente Médio com maior oferta de água em metros cúbicos por habitante, com uma população em torno de 4 milhões e meio de cidadãos. Os dados do Banco Mundial revelam que o país já chegou ao número de habitantes previsto para 2025 em 2013, sem ter aumentado sua oferta de água na mesma proporção. As explicações para esse fenômeno concentram-se nos elevados índices de urbanização, no desenvolvimento do turismo de massas, no aumento das instalações industriais em centros urbanos e na extensão da agricultura de irrigação no país. Se, historicamente, somente Líbano e Turquia seriam territórios com autonomia hídrica na região do Oriente Médio, essa já não é a realidade vivida por seus habitantes.

Uma simples conversa com os moradores das grandes cidades libanesas revela que parte considerável de sua população só tem acesso à água por algumas horas do dia, e mesmo esses recursos hídricos chegam às casas dos libaneses com uma qualidade inferior aos níveis exigidos pelos padrões internacionais. As causas desse problema são diversas. A culpa é compartilhada pelo Estado libanês e pelos seus próprios cidadãos, responsáveis, por exemplo, pela abertura de mais de 20 mil poços ilegais de águas subterrâneas somente na área metropolitana de Beirute. Além disso, quem visita ou vive no Líbano precisa se acostumar com as enchentes dramáticas ocorridas no inverno, a poluição de seus rios e mares, além do alto preço da água oferecida pelos restritos serviços públicos ou pela iniciativa privada. A saída urgente para esse problema envolve a vontade política do Estado e a conscientização geral dos libaneses sobre o uso cada vez menos renovável dos aquíferos locais.

A solução apresentada pelo governo libanês é a construção de diversas barragens e estações de tratamento ao longo de seu território, mas os altos custos desse tipo de investimento têm sido um problema para um governo que pode ficar meses e anos sem uma estrutura de poder estável, com altos índices de corrupção. Ainda que oficialmente

128 | Os libaneses

o Estado libanês tenha se comprometido com a segurança e a sustentabilidade dos projetos do setor hídrico, sua instabilidade política impede a execução de planos eficientes a médio e longo prazo. Existem projetos do governo para a construção de mais de 20 barragens em todo o país, mas, ainda que essas obras movimentem a economia local, a atual dívida pública do Líbano já não permite contar com essa solução sem a participação de investimentos privados e estrangeiros. A alternativa para essa questão tem sido conduzida individualmente pelos libaneses, que ficam submetidos a estratégias pouco eficientes de solução da falta de água doméstica, mesmo sabendo que a maior parte do consumo de água no país seja de responsabilidade dos setores agrícola e industrial.

Os relatos de pessoas que precisam utilizar água mineral engarrafada para tomar banho ou cozinhar no Líbano são consequências das mais absurdas em um país anteriormente conhecido por ser abençoado por diversos rios ao longo do seu território, por bons índices pluviométricos para a região e por grande quantidade de água vinda do degelo da neve acumulada nas montanhas durante o inverno. Para se ter uma dimensão da gravidade do problema, de acordo com o jornal *al-Akhbar*, em notícia publicada em 26 de junho de 2014, enquanto no ano anterior a precipitação de chuvas era de 905,8 milímetros, passou a 431 milímetros em 2014 até setembro, ou seja, menos da metade do que se esperava para o período. Essa situação alarmante afeta a vida dos moradores das grandes cidades libanesas como Beirute, Trípoli e Sidon e atinge diretamente a economia do país ao impactar também as áreas de produção agrícola como o Vale do Bekaa.

Ao lado do fornecimento de água, a economia do Líbano também vem sofrendo com a queda nos números de um dos setores responsáveis pela entrada significativa de dinheiro no país: o turismo. Até 2010, a participação do turismo no Produto Interno Bruto libanês acumulou sucessivas altas a cada ano, mas a instabilidade na Síria e a crise econômica mundial reverteram a tendência de aumento do turismo na economia do país. O Líbano é um dos países mais seguros para se viajar no Mediterrâneo oriental, já que seus problemas dificilmente atingem áreas turísticas do país e os episódios de problemas para os estrangeiros são cada vez mais raros. Entretanto, as notícias que circulam pela imprensa internacional sobre todo o Oriente Médio reforçam o estereótipo da violência e do fanatismo religioso, e acabam reverberando no Líbano. De acordo com dados do ministério do Turismo libanês, o número de turistas no país em 2013 chegou a 1 milhão e 270 mil, um decréscimo de 6,7% em comparação com 2012, que registrou a entrada no Líbano de cerca de 1 milhão e 350 mil turistas. Se a comparação dos números de entrada de turistas for feita pelos dados do ano de 2011, que contou com a chegada de 1 milhão e 655 mil estrangeiros ao país, o percentual de queda do turismo chega a 23%.

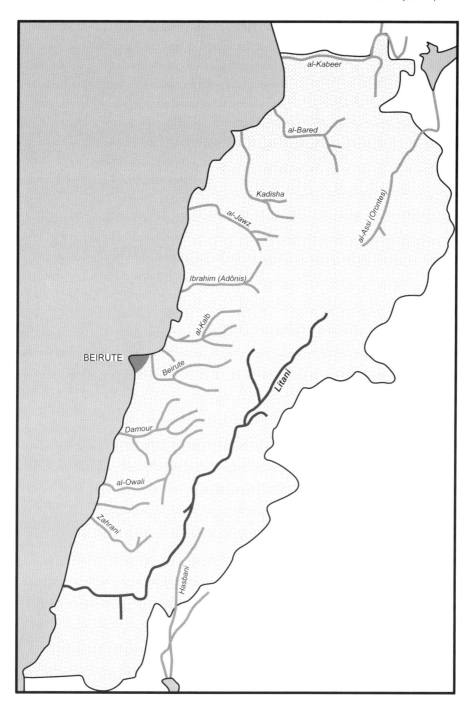

Mapa dos rios libaneses com destaque para o rio Litani.

Em linhas gerais, a queda dos números do setor de turismo na economia libanesa está diretamente relacionada às imagens sobre a Guerra Civil Síria. O conflito no país vizinho ganhou força a partir de março de 2011 e desde então vem influenciando a formação de uma imagem de violência e barbárie que atinge não apenas a Síria, mas também os países vizinhos que abrigam refugiados desse conflito, como o Líbano. É fato que, para a economia libanesa, a Guerra Civil Síria reduziu o número de turistas no país, principalmente os que vinham da península arábica e do Golfo Pérsico para gastar grande quantidade de dinheiro com os atrativos do verão libanês. Países como Arábia Saudita, Qatar e Emirados Árabes Unidos, por exemplo, têm se colocado de forma contrária ao governo sírio de Bashar al-Assad, dando suporte a grupos rebeldes em momentos distintos do conflito. A posição inicial de neutralidade oficial do Líbano em relação à Guerra Civil Síria antagoniza claramente com a atitude de muitos outros países árabes, o que levou os Estados-membros do Conselho de Cooperação para os Estados Árabes do Golfo (Arábia Saudita, Bahrein, Emirados Árabes Unidos, Kuwait, Omã e Qatar) a instruírem seus cidadãos a não viajarem para o Líbano.

Essa não é a primeira vez que o Líbano sofre uma tentativa estrangeira de ataque à sua economia pela redução do turismo no país. No verão de 2006, durante a ofensiva israelense que afetou profundamente a infraestrutura do Líbano, toneladas de óleo foram despejadas no litoral após o bombardeio de um depósito de combustíveis na cidade litorânea de Jieh. As correntes marítimas espalharam o óleo por toda a costa libanesa, atingindo também as águas e a vida marinha no Chipre, na Turquia e na Síria. Como o ataque foi feito por navios israelenses que lançaram mísseis diretamente para os tanques de combustível do depósito de Jieh, sabe-se que Israel tinha consciência das consequências ambientais da ofensiva. Uma agressão como essa, em pleno verão libanês, não pode ser explicada como uma ação estratégica apenas contra o Hezbollah, já que as sequelas da ação militar afetariam toda a economia do setor de turismo do Líbano por um longo período de tempo.

Entretanto, viajar para o Líbano não é mais inseguro do que ir ao Rio de Janeiro ou a Barcelona. A crise de abastecimento de água da cidade de São Paulo, iniciada em 2014 com a diminuição drástica das reservas de água do sistema Cantareira, não fez com que a experiência dos turistas que visitam a cidade fosse marcada por um cenário catastrófico. Tradicionalmente, o Líbano é um país acostumado a receber pessoas de todo o mundo. Cabe a cada um de nós escolher diretamente qual Líbano interessa mais: o das páginas dos jornais e da visão de comentaristas que sequer conhecem o país ou o da vida real, com as mesmas quantidades de problemas e encantos de todos os lugares.

# SER OU NÃO SER LIBANÊS, EIS A QUESTÃO DA POPULAÇÃO VULNERÁVEL!

## O QUE FAZ DO LÍBANO O LÍBANO: UM JOVEM PAÍS JOVEM

Eles estão por todos os lados. Nas ruas das grandes cidades libanesas, no trabalho árduo dos campos agrícolas, nos jardins das universidades e, principalmente, nas fileiras militares do exército nacional e dos grupos sectários. Os jovens do Líbano são a parte da população local mais visível em todas as regiões do país. Mas, em uma nação marcada por contrastes, qual o perfil social e os anseios da parcela mais ativa econômica e politicamente do Líbano? Nas manifestações políticas em frente ao Parlamento, a maioria esmagadora dos ativistas são jovens libaneses que, independentemente de suas identidades de gênero e de religião, demonstram seu descontentamento com os rumos do país. As palavras de ordem da nova juventude libanesa são marcadas pela ideia de que o futuro deve reservar a essa população um país diferente daquele construído por seus pais e avós. Descrentes da capacidade transformadora das ideologias políticas, os jovens libaneses querem marcar profundas diferenças de posicionamento político em relação às ideias que fizeram com que suas infâncias fossem restringidas pelos cenários da guerra civil sectária. Independentemente das antigas posições de seus ancestrais, a juventude libanesa parece querer evitar os mesmos erros de seus conterrâneos em um passado não tão distante.

O anseio por mudanças profundas no país não significa que os jovens do Líbano se percebam de modo homogêneo e integrado. Porém, é fato que os problemas sociais que atingem essa parcela da população local se apresentam a todos, sem discriminações de qualquer ordem confessional. A ausência do Estado, as obrigações cívicas, os fatores econômicos negativos como o desemprego e a insatisfação com um cenário político que não os representa unem e caracterizam a nova demografia da mocidade libanesa. Os jovens entre 15 e 24 anos representavam cerca de 20%

132 | Os libaneses

da população nacional em 2010, segundo a Comissão Econômica e Social para a Ásia Ocidental (ESCWA) das Nações Unidas, que tem o Líbano e mais 16 países árabes como membros permanentes.

Apesar de uma forte tendência à diminuição percentual desse contingente nas próximas décadas por causa do processo de envelhecimento da população, os jovens libaneses ainda são o retrato mais fiel do Líbano contemporâneo. Um estudo do Issam Fares Institute for Public Policy and International Affairs, ligado à Universidade Americana de Beirute, traçou um perfil social e psicológico bastante interessante da juventude libanesa, demonstrando os pontos de vulnerabilidade desse grupo. De acordo com essa pesquisa, a educação não parece ser um problema crônico no país. O estudo afirma que os índices de educação dos libaneses são satisfatórios, principalmente o número de jovens com diploma universitário em comparação com os demais países do Oriente Médio. O problema da juventude educada está relacionado ao baixo aproveitamento que o Estado libanês faz dessa mão de obra qualificada. Mesmo com diplomas universitários de alto nível técnico, os jovens libaneses estão sujeitos a baixas rendas familiares, incompatíveis com as expectativas de uma formação acadêmica. O resultado desse cenário é o desejo de grande parte desses jovens de emigrar para outros países, transformando a juventude educacionalmente qualificada em produto de exportação. Mesmo com a importância das filiações étnicas dos jovens libaneses, metade desses indivíduos almeja emigrar para conseguir melhores condições econômicas.

Do ponto de vista sociocultural, o árabe se mantém como o idioma predominante e mais acionado na comunicação entre os jovens, apesar do uso bastante difundido de línguas ocidentais como o inglês e o francês. A exposição constante dos jovens libaneses à cultura estrangeira pode ser um fator explicativo para a fluência local desses idiomas, com o inglês em maior número nas grandes cidades e áreas turísticas, enquanto o francês desempenha um papel mais cultural e científico, principalmente entre os jovens cristãos maronitas. Curiosamente, o português pode ser uma língua de uso comum nas regiões com grande número de pessoas que em algum momento da vida emigraram para o Brasil, principalmente no Vale do Bekaa. Cidades e aldeias como Lucy, Sultan Yacoub, Kemed el-Lauz e Ghazze são pequenos rincões brasileiros no Líbano, sendo que esse contato com o Brasil também favorece a aproximação dos jovens libaneses com a cultura de países ocidentais com grande colônia libanesa, tais como Canadá, Austrália, Venezuela, México e Estados Unidos, entre outros.

Entretanto, ao mesmo tempo que a juventude libanesa parece aberta a culturas estrangeiras e demonstra receio de que o país retorne ao clima de tensão sectária do período da Guerra Civil, as relações entre jovens de diferentes grupos confessionais ainda é um tabu. Na pesquisa do Issam Fares Institute for Public Policy and International Affairs, um terço dos entrevistados afirmou ter algum grau de preconceito ou hostilidade em relação a indivíduos de outro grupo confessional, e dois terços desses jovens afirmaram que não se casariam com alguém de um grupo étnico diferente. O lado positivo desses dados é que, no passado, as diferenças sectárias eram perceptíveis em um percentual maior de jovens libaneses; mas, por outro lado, os dados da pesquisa mostram que ainda há muito a ser feito para que se afaste completamente o fantasma do sectarismo na juventude do país.

Quando perguntados sobre com quais categorias identitárias os jovens mais se veem representados, os três resultados mais frequentes são: 1) família; 2) o Líbano; e 3) o grupo confessional. É notável que a identidade nacional libanesa se sobreponha à filiação confessional, mas o fato de que a família ainda se coloca como principal elemento identitário dos jovens libaneses mostra que identidades locais ainda são mais fortes que o sentido comunitário nacional no Líbano.

Outro dado interessante da pesquisa diz respeito especificamente aos muçulmanos sunitas e xiitas libaneses. Enquanto, entre os anos 1950 e 1970, os membros dessas comunidades se identificavam primeiramente como "árabes", para em seguida mencionar sua vinculação religiosa, a identidade muçulmana aparece à frente do arabismo nos resultados atuais. Esse dado se alinha com as transformações políticas sofridas pelo Oriente Médio durante a segunda metade do século XX. Enquanto no período pós-independência os países do Oriente Médio reconheceram no pan-arabismo uma via política e cultural legítima para a região, sob o comando de líderes distintos como o presidente egípcio Gamal Abdel Nasser e o Partido Baath na Síria e no Iraque, o fracasso político do pan-arabismo permitiu sua substituição na região pelo ativismo político islâmico, em um processo histórico iniciado com a vergonhosa derrota dos exércitos árabes (liderados por Nasser) contra Israel na chamada Guerra dos Seis Dias em 1967. Mesmo que o Líbano não tenha participado ativamente do conflito, parte de sua população reconhecia a legitimidade política do pan-arabismo naquele momento. Para os jovens até 1967, parecia mais sedutor ser árabe do que muçulmano. Nos anos seguintes, a identidade religiosa passou a ser um discurso que respondia melhor ao anseio por um futuro melhor. De algum modo, os jovens muçulmanos libaneses ainda colhem os frutos dessa mudança ideológica.

Por outro lado, os valores tradicionalmente associados à juventude no Ocidente, como o hedonismo, não são tão frequentes quanto se esperava de um país conhecido pela sua vida noturna agitada e pela promoção de um turismo ocidentalizado. A preocupação maior dos jovens libaneses não está na rebeldia e na vontade de levar uma vida desregrada e transgressora, mas, sim, na perspectiva de se construir um futuro individual e familiar economicamente estável.

134 | Os libaneses

Mulheres cristãs e muçulmanas protestando. A agenda política das libanesas contempla desde questões abrangentes, como o fim da intervenção estrangeira no país, até demandas mais específicas relacionadas à proteção legal das vítimas de violência de gênero.

Nesse caso, a questão da emigração dos jovens volta a ser um ponto central que reflete a vulnerabilidade dessa população. Não há como culpá-los por terem o desejo de buscar uma vida melhor em outras partes do mundo. O ataque israelense de 2006, que destruiu a infraestrutura do Líbano, a inoperância política de seus deputados, as tensões da Guerra Civil Síria cada vez mais próxima e um histórico de êxito de outras gerações que emigraram para a América, a Europa e outros países do Oriente Médio são argumentos fortes para convencer grupos frágeis sem muitas perspectivas futuras em seu próprio país.

O que se deve debater a partir desse cenário é se a diáspora libanesa é efetivamente prejudicial para a economia nacional. Não é um panorama desejável, mas, desde que transitória, pode trazer alguns frutos para a sociedade civil e para a economia a médio e longo prazo. Foram os emigrados da Guerra Civil, ao lado dos que ficaram, que ajudaram na reconstrução do país com o fim do conflito, por meio do envio de dinheiro ao Líbano a partir de suas atividades econômicas nos países que os acolheram. O emigrado dono de lojinha de esfiha na rua 25 de Março em São Paulo, na região da Saara no Rio de Janeiro, ou em qualquer parte do mundo, retira seus pés do solo libanês, mas leva um pedaço do Líbano na sua mente e no seu coração. Sem dramas inconsequentes, em qualquer circunstância, se a família, o país e o grupo confessional são as bases da identidade dos jovens libaneses, deixar tudo isso para trás é abrir mão de tesouros muito valiosos.

De todo modo, o Líbano contemporâneo deve ser entendido como um projeto em permanente construção das novas gerações, sejam elas emigrados ou os que permaneceram no país. No interior desse enorme grupo de vulneráveis, outro setor da população libanesa merece uma atenção especial. Trata-se das mulheres, não tão frágeis como se imagina, não tão fortes como devem ser.

## A POLÊMICA CONDIÇÃO DAS MULHERES LIBANESAS

No dia 26 de junho de 2014, o famoso programa jornalístico dominical brasileiro, o *Fantástico*, veiculou uma matéria que causou reações diversas em brasileiros e libaneses. A reportagem intitulada "Sob o véu" apresentava certo caráter de denúncia sobre a condição subalterna das mulheres nos países do Oriente Médio, tomando o Líbano como exemplo. A partir de um ranking de questões de gênero realizado pelas Nações Unidas, construiu-se uma reportagem que pretendia incriminar determinados países considerados coniventes com os crimes de violência contra as mulheres. A fala do apresentador do programa é incisiva:

> O Líbano, por exemplo, uma sociedade moderna, convive com costumes medievais. Lá, as mulheres, depois do casamento, passam a ser propriedade dos maridos e podem ser agredidas, presas e até estupradas sem ter a quem recorrer.

Não há dúvidas de que as mulheres são um dos grupos sociais mais vulneráveis na sociedade libanesa, mas o retrato "medieval" traçado pelo olhar dos jornalistas brasileiros sobre a possível contradição entre uma sociedade moderna e seus costumes tradicionais esconde um problema maior: o Oriente Médio, e mais especificamente o Líbano, não está sozinho no panorama vergonhoso das questões de violência de gênero no mundo. Quando se atribui a outro país os problemas que se encontram na maioria das "sociedades modernas", tende-se a mascarar as dificuldades que as mulheres enfrentam em outras partes do mundo, inclusive no Brasil. A violência e a desigualdade de direitos sofridas pelas mulheres é um problema global, e identificar essa questão em um cenário nacional específico sugere que o dilema é localizado. Para se ter uma ideia da dimensão dessa questão, de acordo com o Mapa da Violência, produzido em 2013, os casos de estupro são, pela primeira vez na história do Brasil, o tipo de crime com maior registro policial, ultrapassando o homicídio e chegando à incrível marca de mais de 50 mil ocorrências. É fato lastimável que a maioria esmagadora de vítimas de estupro no mundo é de mulheres, e, infelizmente, tanto no Líbano quanto no Brasil não é diferente. Não se trata de minimizar a questão da violência contra a mulher no Oriente Médio, apenas de não se reforçarem estereótipos.

No caso libanês, a vulnerabilidade feminina está atrelada à fragilidade das leis e do Estado locais, algo ignorado pela reportagem do *Fantástico*, ainda que a notícia cite superficialmente a omissão de determinados crimes contra as mulheres no Código Penal do Líbano. Ao invés do olhar denunciativo e superficial da reportagem, é necessário observar a dimensão complexa do problema no país, que envolve o Parlamento, os tribunais religiosos e o patriarcalismo de sua sociedade civil.

Os dados sobre a condição feminina no Líbano seguem alarmantes e precisam ser tratados de forma global para que se tenha uma ideia do tamanho do problema e se proponham soluções reais. De acordo com os dados divulgados pelo SIGI (Social Institutions & Gender Index), o Parlamento libanês aprovou em 2014 a Lei de Proteção às Mulheres, que versa sobre crimes de violência doméstica tais como matar ou causar dano físico, psicológico, sexual ou econômico às mulheres do país. Antes disso, não havia qualquer legislação em vigor que garantisse a proteção contra a violência de gênero no Líbano. A lei recém-aprovada solicita a criação de uma força de segurança especial ligada ao tema, reconhecendo a violação conjugal, apesar de qualificá-la como ofensa, e não como crime. O resultado dessa vitória parcial deve ser atribuído especialmente à ação de Organizações Não Governamentais locais e regionais que atuam no país, e mostra que ainda há muito o que fazer sobre esse tema, já que os índices de violência contra a mulher no Líbano e em todo o mundo continuam altos, motivados, sobretudo, pela falta de segurança das vítimas para denunciar esse tipo de crime, que podem inclusive ser injustamente responsabilizadas pela violência que sofreram. Os principais fatores que favorecem o elevado índice de violência contra as mulheres são a pressão social decorrente da possível vergonha que a denúncia pode trazer à família e a conivência dos tribunais religiosos no tocante a essa questão.

Por outro lado, os órgãos de polícia libanês mostram-se resistentes em posicionar-se contra um dos maiores tabus da sociedade libanesa: a interferência em assuntos considerados de foro familiar e íntimo no país. A violência de gênero só se transforma em objeto de atuação do Estado se a vítima se posiciona oficialmente sobre o fato. O ministério da Justiça do Líbano tem sido um dos órgãos oficiais mais atuantes nesse tema, mas seus esforços ainda são tímidos perto da dimensão do problema.

Ainda de acordo com o SIGI, em pesquisa realizada a partir do ano de 2009, 10% das mulheres libanesas entre 15 e 49 anos dizem acreditar que seu marido ou companheiro pode justificar uma agressão doméstica se elas queimarem a comida, se discutirem com eles, se saírem de casa sem a companhia de um parente masculino, se negligenciarem os filhos ou se recusarem a manter relações sexuais. Além disso, mais de 90% das mulheres sentem que essa violência contra elas é completamente desprezada em suas comunidades confessionais. Isso mostra que o problema é abrangente e não será resolvido apenas com a criação de leis que impeçam esse tipo de brutalidade.

O tratamento jurídico aos casos de estupro pode dar um retrato mais fiel desse drama do que a reportagem de uma equipe jornalística estrangeira que desconhece as escalas do problema no país. Ainda que seja um crime previsto pelo Código Penal local (artigo 522), o estupro pode ser descaracterizado como crime se o agressor se casar com a vítima. Não fica claro se o consentimento da vítima é necessário nessas circunstâncias, já que não há uma lei que reconheça a violação conjugal como crime. A legislação também não prevê nenhuma condenação imediata ao assédio sexual, apenas o direito da vítima de se demitir sem aviso prévio em caso de sofrer constrangimento sexual no trabalho.

Mas o que esperar de um sistema legal que é reflexo da ordem social e política patriarcal fundamentada no sectarismo oficializado pela experiência colonial francesa? Contudo, é importante destacar que, progressivamente, as marcas históricas da violência no Líbano sofreram importantes alterações nas últimas décadas. Ainda há muito por fazer, não se pode negar, porém o apoio às mulheres já é uma pauta política importante defendida por grande parte da sociedade civil libanesa. Em

138 | Os libaneses

muitos casos públicos de violência de gênero, homens e mulheres de todo o país manifestam sua indignação em campanhas sociais que se sobrepõem às divisões étnicas locais.

Um dos caminhos mais eficientes para o fim da discriminação generalizada das mulheres libanesas é o aumento da participação política feminina em instâncias de representação como o Parlamento e os órgãos municipais, ainda que o sistema eleitoral seja marcado pelas divisões sectárias. As contradições criadas pelo processo de independência do país precisam ser superadas. Mesmo que o Líbano seja o primeiro país do Oriente Médio a permitir o voto feminino, em 1952, o número de mulheres que chega aos cargos de representação política é muito baixo. O papel político de destaque das mulheres libanesas muitas vezes é atribuído à sua condição de "primeira-dama" de presidentes e ministros, reforçando a imagem subalterna da condição feminina, já que seu papel social continua sendo determinado pelo universo masculino. A responsabilidade sobre essa realidade está vinculada a três instâncias distintas da vida cotidiana do país: a família tradicional (reprodutora de estigmas de gênero vinculados a laços comunitários e de parentesco); a origem confessional (reguladora de leis e normas sobre a vida de seus membros); e o Estado (que por sua fragilidade transfere a responsabilidade de observância de direitos dos seus cidadãos aos líderes sectários).

Esses obstáculos não são impedimentos para que as mulheres tenham sua importância social e política reconhecida no Líbano. Ainda que as conquistas de espaço nas esferas institucionais de poder estejam em processo, as mulheres alcançam cada vez mais protagonismo na sociedade libanesa em todos os âmbitos e estão enfrentando o conservadorismo. Recentemente, as notícias sobre um bate-boca ao vivo entre a jornalista libanesa Rima Karaki e o sheik Hani al-Seba'i ganharam as páginas dos principais jornais do mundo. Enquanto apresentava seu programa no polêmico canal de televisão al-Jadeed, Rima Karaki entrevistava o sheik al-Seba'i sobre o Estado Islâmico do Iraque e do Levante, quando foi obrigada a cortar a fala do entrevistado por exceder o tempo do programa. Em resposta, visivelmente incomodado pelo que considerou uma "ousadia" da entrevistadora, o sheik al-Seba'i ordenou que Rima Karaki se calasse enquanto ele falava. A jornalista então pronunciou as palavras finais que a transformaram em um símbolo da luta por igualdade de gênero no Líbano: "Chega, acabou! Sem respeito não há entrevista".

A imagem das mulheres libanesas no Ocidente tem sido construída de maneira distinta do exemplo corajoso de Rima Karaki. Em muitos países, como no Brasil, os exemplos de submissão e violência são os únicos porta-vozes da condição feminina no Oriente Médio.

Entre burcas e biquínis, as mulheres libanesas são reconhecidas no Ocidente muito mais pelo seu contexto estético do que pelo cenário de vulnerabilidade ao qual estão rotineiramente expostas.

## OS "OUTROS" LIBANESES: OS REFUGIADOS

Um dos problemas contemporâneos internacionais que atinge diretamente a sociedade civil libanesa é a grande quantidade de refugiados em seu território nacional. O século XX, em diferentes momentos, produziu um número expressivo de documentos de órgãos internacionais sobre a necessidade de amparo a populações desfavorecidas que necessitavam a tutela de outros povos para sobreviver social, cultural, econômica e politicamente. A Convenção Relativa ao Estatuto dos Refugiados, elaborada em 1951 pelas Nações Unidas, é um exemplo desse esforço e define essa condição cada vez mais comum da seguinte maneira:

> Para os fins da presente Convenção, o termo "refugiado" se aplicará a qualquer pessoa:
> 1. Que foi considerada refugiada nos termos dos Ajustes de 12 de maio de 1926 e de 30 de junho de 1928, ou das Convenções de 28 de outubro de 1933 e de 10 de fevereiro de 1938 e do Protocolo de 14 de setembro de 1939, ou ainda da Constituição da Organização Internacional dos Refugiados;
> As decisões de inabilitação tomadas pela Organização Internacional dos Refugiados durante o período do seu mandato, não constituem obstáculo a que a qualidade de refugiados seja reconhecida a pessoas que preencham as condições previstas no parágrafo 2 da presente seção;
> 2. Que, em consequência dos acontecimentos ocorridos antes de 1º de janeiro de 1951 e temendo ser perseguida por motivos de raça, religião, nacionalidade, grupo social ou opiniões políticas, se encontra fora do país de sua nacionalidade e que não pode ou, em virtude desse temor, não quer valer-se da proteção desse país, ou que, se não tem nacionalidade e se encontra fora do país no qual tinha sua residência habitual em consequência de tais acontecimentos, não pode ou, devido ao referido temor, não quer voltar a ele.

Esse conjunto de normas se encaixa às populações palestinas e sírias que vivem atualmente distribuídas por todo o Líbano, sob condições de vida precárias, com alto índice de pobreza e em posição vulnerável. Os palestinos, que compõem o grupo há mais tempo em situação de penúria no Líbano, são os refugiados que se mantêm mais visíveis e sob uma condição prolongada de marginalidade no país. Em comparação à maneira como vivem os palestinos em outros países árabes como a Jordânia, os palestinos do Líbano encontram-se excluídos socialmente em campos e áreas geográficas que funcionam como enclaves fora da autoridade do Estado libanês desde a Primeira Guerra Árabe-Israelense em 1948, quando foi criado o Estado de Israel como consequência da partilha da Palestina pela ONU, entre israelenses e palestinos. Não cabe aqui descrever os acontecimentos que permitiram a construção dessa triste realidade. O que se pretende tratar é a vulnerabilidade da população palestina, que passou a emigrar para o Líbano em decorrência da expansão territorial de Israel ao longo de todo o século XX.

O histórico da presença palestina no Líbano é uma questão que precisa ser considerada. Após 1948, o que se acreditava ser uma condição transitória de precariedade passou a ser perene, reforçando, a partir dos anos 1960, o desenvolvimento do nacionalismo palestino nos campos de refugiados totalmente cercados e vigiados pelos órgãos de segurança libaneses. À medida que a segregação se transformava em uma realidade persistente, a criação de redes de solidariedade nacionalistas entre os palestinos cresceu vertiginosamente, e a chegada da OLP (Organização para Libertação da Palestina), expulsa da Jordânia nos anos 1970, fez com que a comunidade de refugiados palestinos do Líbano ganhasse visibilidade internacional como centro de resistência contra o Estado de Israel. Nesse momento, dois terços dos palestinos foram incorporados à rede de emprego e cargos políticos e militares da OLP, o que impediu a desvinculação da melhora da condição de vida dessa população em relação à ação política libertária. Em 1969, por exemplo, o Acordo do Cairo, assinado pela OLP e pelo exército libanês com a intermediação do presidente egípcio Gamal Abdel Nasser, passou a garantir o total controle palestino sobre os campos de refugiados, transformando esses espaços em Estados com certo grau de autonomia dentro do próprio Estado libanês.

Com a eclosão da Guerra Civil Libanesa em 1975, e a invasão israelense do território libanês em 1982, a OLP foi obrigada a deixar o Líbano e a se fixar na Tunísia, levando consigo a rede de emprego e renda que sustentava uma melhora na condição de vida dos refugiados. Essa mudança do auxílio econômico aos palestinos do Líbano também foi resultado da transferência da ajuda humanitária dos países do Golfo para áreas de assentamento em outras regiões e das consequências dos Acordos de Paz de Oslo em 1993, quando os investimentos passaram a ser deslocados para as regiões do Estado Palestino original, principalmente a Faixa de Gaza e a Cisjordânia. Os acontecimentos históricos desse período favoreceram a redução drástica de apoio e investimento de órgãos internacionais aos refugiados palestinos no Líbano, que passaram a ser atores secundários dessa questão geopolítica. Desde então, apenas a UNRWA (The United Nations Relief and Works Agency for Palestine Refugees) e organizações internacionais pontuais continuaram a atuar em favor dos refugiados palestinos em território libanês, o que provocou a deterioração das condições de vida dessa população nas últimas décadas.

Depois da Guerra Civil Libanesa, um longo período de submissão do país à interferência do governo sírio se deu até a saída das tropas do país vizinho em 2005. A autoridade dos palestinos nos campos de refugiados ficou submetida à influência síria por meio de facções ligadas ao regime da família al-Assad, tais como a Frente Popular de Libertação da Palestina – Comando Geral (FPLP – CG), o as-Sa'iqa, e o Hamas. Essa descentralização das lideranças palestinas no Líbano sob o domínio sírio impediu qualquer aproximação entre seus líderes e o governo libanês, evitando que a OLP fosse a voz mais atuante da resistência dos refugiados no país. Ao lado dessa fragmentação política, os refugiados palestinos passaram a sofrer a ingerência cada vez mais ativa de grupos islâmicos como o Jund al-Sham e o Fatah al-Islam, entre outros.

O fato de os refugiados palestinos estarem à margem do mercado de trabalho e não possuírem terras dificulta sua integração no país. É um grupo desprovido de direitos básicos. Não há dados demográficos confiáveis sobre o número de pessoas que se encontram nessa condição em território libanês, mas sabe-se que os refugiados palestinos estão distribuídos ao longo de importantes regiões do Líbano como Tiro, Sidon, áreas de Beirute, parte do norte do país e pelo Vale do Bekaa. Um perfil traçado por um relatório produzido pela Universidade Americana de Beirute, em 2010, afirma que 62% dos palestinos do Líbano vivem em campos de refugiados e 38% habitam os arredores dessas áreas. A maioria dessa população é composta por mulheres (53%), e muitas delas são jovens com idade média de 30 anos; portanto, trata-se de pessoas que não somente não viveram os acontecimentos de 1948, como também muitas nasceram em território libanês.

Os dados estatísticos sobre os refugiados palestinos do Líbano, ainda que incertos, são alarmantes. Os desempregados somam 56%, e os que conseguiram se inserir no mercado de trabalho ocupam vagas temporárias, precárias e instáveis. Apenas 7% desse contingente possui alguma atividade laboral reconhecida por contrato de trabalho. A consequência dessa situação é que dois terços dos refugiados palestinos são pobres, com renda familiar inferior a 600 dólares mensais. Em comparação com a população libanesa que divide o mesmo território, os palestinos são duas vezes mais pobres e o número dos que vivem em extrema pobreza chega a ser quatro vezes maior que o dos libaneses.

Nesse contexto, sequer pode-se falar que os palestinos são um grupo com características comuns em todo o território libanês. Os que vivem no norte do país possuem condições de vida melhores que os de outras regiões, já que as taxas

142 | Os libaneses

de pobreza entre esses indivíduos e os libaneses da mesma área são comparáveis. Considerando os dados produzidos pela Universidade Americana de Beirute, a insegurança alimentar atinge 58% dos palestinos, sendo que os que habitam a região do Vale do Bekaa são mais propensos ao consumo insuficiente de alimentos, mesmo que trabalhem diretamente com a produção de gêneros agrícolas. As famílias chefiadas por mulheres estão ainda mais expostas à insegurança alimentar grave, já que o patriarcalismo da sociedade local dificulta a ascensão dessas mulheres a uma gama ampla de trabalho reconhecida como eminentemente masculina. Como consequência dessa realidade, as crianças palestinas refugiadas apresentam índices maiores de inanição, baixo desenvolvimento cognitivo e psicomotor, além de riscos à saúde determinados por uma dieta fraca em nutrientes.

As duras condições de vida dos refugiados palestinos são resultado da exclusão social generalizada que essa população vive no Líbano, mesmo que o país não sofra efeitos maiores da necessidade de proteção desse contingente na economia nacional. As práticas de redução da vulnerabilidade dos refugiados palestinos no Líbano são de responsabilidade, sobretudo, de órgãos internacionais como a ACNUR (Agência da ONU para refugiados) e a UNRWA, além da ação de organizações não governamentais de outros países. Estima-se que os palestinos que vivem em território libanês não somente produzem baixo número de despesas à economia libanesa, como também são responsáveis por gastos na ordem de 340 milhões de dólares por ano, uma contribuição de peso para a economia do país, principalmente em áreas agrícolas. Em linhas gerais, os refugiados palestinos estão constantemente privados de seus direitos civis e socioeconômicos, sobrevivendo de ajudas humanitárias, ainda que exerçam atividades econômicas subalternas no Líbano.

Após o início da crise política da Síria, que arrasta o país vizinho em uma guerra civil desde 2011, outro grupo de refugiados passou a se instalar em terras libanesas. Os sírios que seguem fugindo das atrocidades do conflito em seu país também têm buscado o Líbano como espaço de refúgio, formando grandes bolsões de pobreza em todo o seu território. Inicialmente pensada como uma situação transitória, a chegada dos refugiados sírios tem assumido uma condição perene nos países que acolhem essa população, já que o conflito na Síria está longe de ter um fim.

Depois de quatro anos de extensão do conflito e de recebimento constante de refugiados vindos da Síria, o Líbano passou a enfrentar uma série de tensões sociais motivadas, sobretudo, pela pressão da população por serviços básicos como alimentação, educação e saúde. A concorrência entre os cidadãos libaneses e os refugiados por serviços oferecidos pelo Estado parece ser o grande desafio do governo libanês, já que o aumento desse tipo de demanda social influencia a alta nos preços dos aluguéis e crescem as reivindicações por mais infraestrutura sanitária e a saturação das vagas nas escolas locais.

É fato que tanto o Líbano quanto os demais países da região que acolhem os refugiados sírios (Turquia, Jordânia e até o Iraque) têm sido extremamente generosos com as vítimas do conflito, mas o crescimento do ressentimento pela presença desse público estrangeiro tem aumentado na mesma proporção das necessidades econômicas e sociais dos imigrantes. A crise, portanto, exige um planejamento constante dos governos, o que tem sido visto como um peso para o frágil Estado libanês. A parceria entre as instituições do país, a sociedade civil e os órgãos internacionais que atuam na questão dos refugiados sírios pode ser a saída para as tensões que envolvem esse desafio, apesar de se apresentar como um horizonte cada vez mais difícil de ser alcançado. Como grande parte dos refugiados sírios ainda não vive em campos demarcados e se encontra espalhada por diversas regiões do Líbano, os problemas enfrentados por essa população são mais complicados de serem resolvidos em curto prazo.

O principal impacto da presença dos refugiados no território libanês está vinculado ao setor econômico do país, que desde o início da Primavera Árabe enfrenta uma redução significativa em uma de suas principais fontes de renda: o turismo. Sem a arrecadação expressiva desse setor, os investimentos sociais são diretamente afetados em um cenário internacional de crise econômica e de aumento da instabilidade política da região. Ainda que haja um acréscimo das verbas destinadas aos refugiados pelos órgãos internacionais, o medo de que a melhora na condição de vida desse contingente vulnerável incentive um maior número de refugiados no país ainda é um problema a ser superado pela sociedade civil libanesa. Os serviços oferecidos pelo Estado libanês já não dão conta das demandas de sua própria população, e o receio de que a situação dos palestinos se repita com os sírios é maior do que o sentimento de solidariedade para com os cidadãos do país vizinho.

Os índices demográficos e o perfil dessa crise são motivos de preocupação para a população do Líbano. A necessidade de proteção dos refugiados sírios durante o drástico inverno libanês é um bom exemplo desse contexto de caos social. Mesmo que as Nações Unidas afirmem ter distribuído mais de 90 mil cobertores, esse número está longe de ser o ideal, e a demanda por combustíveis para o abastecimento dos sistemas de aquecimento das escolas e residências tem feito os preços desse serviço dispararem. A segurança alimentar dos refugiados tem sido também um problema sem solução no país, que afeta principalmente as crianças sírias.

Grafite em protesto contra Bashar al-Assad na Síria. Frases como "Fora Bashar" espalharam-se pelo país desde o início da Guerra Civil.

Em janeiro de 2015, o governo libanês respondeu a esse problema estabelecendo uma política de restrição à chegada de novos refugiados, acompanhada de uma diminuição sensível na concessão e renovação de documentos de permanência para que os refugiados possam buscar algum trabalho no Líbano. Os índices de desemprego, que têm crescido entre os próprios libaneses, impedem a incorporação dos refugiados sírios ao mercado de trabalho, o que dificulta a criação de condições de estabilidade social dessa população. As iniciativas municipais e regionais para atenuar esse problema são insuficientes, e o prognóstico de que os sírios sejam vistos como mais um fator desestabilizador da economia libanesa é alto.

As saídas eficientes para esse triste panorama devem envolver toda a comunidade internacional, retirando parte desses encargos dos ombros do já sobrecarregado Estado libanês. Mais do que apontar culpados, é hora de se criar uma grande campanha para que as tensões sociais entre os libaneses e os refugiados não transformem o país em um palco estendido dos conflitos políticos que assolam a Síria.

# AQUARELA LIBANESA: AS ARTES NO LÍBANO

## O QUE A GUERRA NÃO APAGA: A ARQUITETURA LIBANESA CONTEMPORÂNEA

Um país com mais de seis mil anos de contato com múltiplos povos não ficaria imune à influência cultural externa. Das ruínas fenícias, gregas e romanas aos suntuosos edifícios atuais, a paisagem arquitetônica do Líbano é marcada pela herança de formas e estilos deixados pelo tempo. Isso não significa que o Líbano apenas reproduza modelos culturais externos, mas, sim, que o grande mérito da arte arquitetônica libanesa é sua tentativa de permitir a convivência de símbolos e padrões de construção diferentes. A principal característica do legado artístico e cultural do Líbano é a harmonização entre elementos adversos como a simplicidade e a sofisticação, o tradicional e o contemporâneo, bem como a praticidade e a ornamentação. O risco de esse tipo de mescla ser considerado excêntrico é nulo, devido ao fato de que as distintas fases da arquitetura libanesa devem ser entendidas como expressões do contexto sociocultural e do imaginário da época em que foram criadas, reforçando os laços da cultura libanesa com as suas turbulências históricas.

Por isso, antes de qualquer descrição de grandes obras e construções do país, merece destaque a forma mais original e rudimentar da cultura arquitetônica libanesa: a casa tradicional. Por trás da geografia irregular do interior do país, a casa tradicional é um tipo de construção completamente integrado com a natureza, aproveitando o que de melhor a paisagem poderia oferecer e garantindo a segurança da família nos tempos de crise. Espalhadas por diversas áreas do Líbano, apresentam uma arquitetura extremamente simples e aberta ao exterior, integrada à natureza por permitir o aproveitamento da luminosidade solar, das correntes de vento, das fontes de água e dos materiais rústicos encontrados facilmente nas proximidades do terreno.

Originalmente, as casas tradicionais libanesas eram construídas com o teto reto, a partir de uma espécie de cobertura plana, que permitia que as pessoas circulassem por esse espaço. A importância desse telhado está relacionada à preparação das famílias para os longos invernos libaneses, já que a cobertura plana permite a secagem de alimentos e lenhas para serem estocados e posteriormente consumidos no tempo frio. Somente a partir do século XIX, com o maior contato dos habitantes do Líbano com a cultura ocidental, é que os telhados planos foram substituídos por coberturas com declives, revestidas de telhas avermelhadas. Nesse momento, o telhado perde a função de espaço para circulação de pessoas e secagem de mantimentos e, devido à sua forma triangular e cor vermelha, ganha o apelido de *tarboush* (clássicos chapéus de feltro vermelho usados pelos homens do Império Otomano). O *status* social das casas com telhados *tarboushes* se reforçava pela ideia de que a família que morava nessa construção não precisava se preocupar com os preços dos mantimentos no inverno. Nesse sentido, a casa tradicional libanesa mantém a partir do século XIX a função primordial de proteger a família, mas se transforma em signo de distinção social e de modernidade com a incorporação dos telhados com declives ao estilo ocidental.

Do lado de fora, a casa tradicional libanesa pouco se altera, e é possível encontrar construções novas que seguem esse modelo antigo de edificação até hoje nas aldeias do país. Geralmente, tem um cômodo baixo utilizado para guardar animais, provimentos e ferramentas, e as áreas sociais da casa são construídas acima desse local. Todas as paredes externas da construção são feitas de pedras, o que, além da simplicidade, não exige

Imagem clássica da paisagem turística de Biblos, essa edificação com vista para o Mediterrâneo é um bom exemplo da casa tradicional libanesa com telhado moderno. A escada de pedra revela os distintos níveis da construção.

Foto do autor

Como expressão do interesse dos libaneses pela arquitetura modernista, o projeto do Recinto da Feira Internacional de Trípoli, feito por Oscar Niemeyer, revela a abertura cultural e artística do Líbano nos anos 1950 e 1960.

grandes investimentos em ornamentação. Desse modo, o chamado período tradicional da arquitetura libanesa (até os anos 1920) ressalta a harmonia dessas construções com a paisagem natural, reconhecendo o lugar da natureza na vida da família.

A partir dos anos 1920, com o fim do Império Otomano e a chegada dos franceses ao Líbano, as construções locais sofreram uma mudança técnica significativa, com a vinda de novos materiais e métodos vindos do Ocidente. A primeira e mais sensível dessas mudanças foi a introdução do concreto nas edificações, que a partir dos anos 1930 passou a ser produzido localmente. É nesse momento que a arquitetura libanesa passa a se basear em elementos coloniais, adotando fundamentos técnicos e estilísticos do modernismo europeu trazido pelos franceses. Nesse contexto, as cidades se transformam no espaço por excelência dessa nova arquitetura, reproduzindo os valores civilizacionais da França em áreas distintas da sociedade libanesa, como a política, a economia e a arte.

Entre os anos 1940 e 1950, após a independência do país, a arquitetura modernista libanesa entra no seu período de maior visibilidade, refletindo o

148 | Os libaneses

espírito de seu projeto de nação nas construções públicas e nas casas da elite urbana alinhadas com a cultura ocidental. Muitos projetos arquitetônicos do país começam a ser encomendados a profissionais estrangeiros como Oscar Niemeyer, contratado em 1963 para construir o recinto da Feira Internacional de Trípoli: um espaço gigantesco destinado ao entretenimento que teve sua construção abandonada com a eclosão da Guerra Civil e, até hoje, sobrevive como ruína de um projeto modernizador para o país.

No período do conflito, o engajamento nacional das obras modernistas foi arrasado e grande parte das construções que seguia esse modelo começou a ser marcada pelos tiros e pela destruição causados pelos constantes enfrentamentos militares dos grupos armados locais. Ainda hoje é possível encontrar nas cidades libanesas edifícios e monumentos com marcas da guerra. A manutenção desses espaços serve como uma lembrança amarga do sofrimento vivido pelo país nesse momento, sendo que a utilidade dessa arquitetura destruída ganha contornos memorialísticos para que todos se lembrem da dor causada pelo episódio mais dramático da história recente do Líbano.

Após a Guerra Civil, uma mistura de tendências formalistas foi incorporada aos novos projetos das construções libanesas, já que era chegada a hora de recorrer à arquitetura para construir uma identidade nacional integradora, sem olhar para o passado de violência, tentando resgatar alguns elementos do modernismo original e das novas tendências estilísticas que darão ao Líbano certa aparência de estabilidade. A partir de então, a reconstrução de locais públicos volta a ser uma prioridade, e o Palácio Presidencial de Baabda serve como exemplo desse empenho generalizado pela restauração da imagem do Líbano como um país moderno e voltado para um futuro de paz e harmonia. O Palácio de Baabda mistura elementos tradicionais da arquitetura libanesa com expressões evidentes do modernismo, servindo de modelo para a normalização da vida política e social dos cidadãos libaneses.

Outro exemplo do empenho de reconstrução arquitetônica do Líbano pós-Guerra Civil é o projeto do Distrito Central de Beirute, totalmente destruído durante o conflito. Uma vez que o governo libanês não tinha recursos para promover a imediata reformulação dessa área de aproximadamente 150 hectares, abriu o projeto para a iniciativa privada, e passou a contar com o apoio da Société Libanaise pour le Développement et la Reconstruction de Beyrouth, também conhecida pela sigla SOLIDERE.

O primeiro passo para essa parceria público-privada liderada por Rafiq Hariri foi a concessão de direitos de desapropriação sobre as terras do Distrito Central de Beirute, uma prerrogativa, até então, do Estado libanês. As reações a essa interferência dos interesses privados na política de reconstrução de Beirute

Aquarela libanesa | 149

Protesto contra o SOLIDERE no Hotel St. Georges, Beirute, foto do autor, 2015

O SOLIDERE, controverso projeto de revitalização de Beirute, sofre severas críticas de parte da sociedade civil libanesa. O projeto favorece a especulação imobiliária e é acusado de danificar sítios arqueológicos de Beirute.

A. K. Khalifeh (CC BY-SA 3.0)

Localizado em uma das áreas mais nobres de Beirute, o Platinum Tower é o edifício residencial mais alto do Líbano. Com 153 metros de altura, a construção se destaca por sua imponência na região da Zaitunay Bay.

150 | Os libaneses

foram enérgicas, e o SOLIDERE passou a sofrer duras críticas de diferentes setores da sociedade civil libanesa. Para alguns, a intervenção arquitetônica desse grupo sobre o centro de Beirute criou um espaço pretensamente moderno na cidade que, de fato, esconderia as intenções econômicas de um grupo privado que favoreceu a especulação imobiliária, a descaracterização arquitetônica da área e até mesmo a destruição de alguns sítios arqueológicos localizados nessa região da cidade. Um dos exemplos do grau de interferência estética do SOLIDERE em Beirute é o Platinum Tower, um edifício residencial considerado atualmente o prédio mais alto de Beirute. A imponência dessa construção fruto da especulação imobiliária e que segue um padrão arquitetônico claramente ocidental é entendida por muitos libaneses como a descaracterização do legado cultural libanês em favor de um grupo econômico e político que se ergueu sobre o desrespeito ao direito de propriedade dos cidadãos locais. Há quem defenda o SOLIDERE e seu projeto arquitetônico, mas parece que, para muitos libaneses, Beirute não quer ser Dubai, Miami ou a Barra da Tijuca.

## MUITO ALÉM DA CALIGRAFIA: A LITERATURA LIBANESA

Um rápido passeio pelas vitrines das maiores livrarias do Brasil revela que a literatura estrangeira é uma preferência nacional. O brasileiro é um ávido consumidor de textos literários vindos de outros países, com larga vantagem para as literaturas russa e latino-americana. Os autores árabes, e principalmente os libaneses, representam uma parcela muito pequena das traduções publicadas no Brasil, apesar do aumento de títulos sobre o Oriente Médio após a chamada Primavera Árabe de 2011. Quando o leitor brasileiro demonstra certa predileção por textos que apresentam algum contato com a cultura árabe, o gosto do público local geralmente está relacionado à literatura de autores nacionais e estrangeiros de origem árabe que escrevem em línguas ocidentais, tais como o nosso Milton Hatoum, Waly Salomão (na poesia), Jorge Amado, Raduan Nassar, bem como o francófono Amim Maalouf e o anglófono Tariq Ali (apesar de paquistanês). Há, recentemente, um aumento do número de publicações de autores árabes traduzidos por intelectuais brasileiros, mas os números desse fenômeno literário ainda são tímidos se comparados às traduções de Dostoievski, Gabriel García Márquez e Virginia Woolf.

Esse cenário confuso é reflexo da dificuldade de se delimitar o que de fato pode ser considerado "literatura árabe" e "literatura libanesa", especialmente porque o Brasil possui poucos tradutores da língua árabe, e também porque o número de editoras especializadas é irrisório. É por isso que, ao tratar da literatura libanesa, o melhor caminho será apresentar uma lista de autores a serem descobertos pelos leitores brasileiros, com nomes pouco conhecidos desse público.

No caso da literatura libanesa, o contexto histórico dos autores é imprescindível para a análise de suas obras, pois o debate cultural que norteia os textos literários libaneses é construído pelas discussões sobre a identidade e a própria sobrevivência do Líbano como nação moderna. Desse modo, mais do que a posição de grupos políticos, a produção cultural libanesa é a melhor maneira de se compreender a formação do país, o que faz com que a literatura caminhe ao lado da história recente do Líbano.

Durante o período em que pensadores e artistas começavam a construir um projeto de nação libanesa, alimentado pela decadência do Império Otomano, a literatura libanesa contemporânea ganhava vida por meio de escritores que dialogavam com a cultura ocidental trazida pela influência francesa. A chamada an-Nahda (também citada no próximo capítulo) foi uma corrente intelectual que visava à revitalização da língua árabe e à adaptação de ideias políticas e sociais do Ocidente ao contexto de luta contra o poder político e cultural dos otomanos no Oriente Médio. Essa corrente influenciou diretamente uma primeira geração de escritores libaneses contemporâneos que passaram a defender princípios como o nacionalismo e o feminismo, entre outros, desde o fim do século XIX até o início da Segunda Guerra Mundial.

Imbuído por esse espírito antiotomano, o primeiro escritor de sucesso dessa geração foi Khalil Gibran, um dos autores libaneses mais conhecidos até hoje. A literatura de Gibran volta-se para o misticismo com o intuito de propor um novo movimento intelectual árabe facilmente aceito pelo gosto ocidental marcado pelo olhar romântico e orientalista com que a Europa descrevia o Oriente. A obra mais conhecida de Gibran nesse contexto, *O profeta*, publicada em 1923 e originalmente escrita em inglês, segue como um dos maiores sucessos literários do Líbano. O texto ressalta temas filosóficos como a busca do homem pela paz interior, fazendo uma crítica ao ritmo e ao excesso de racionalismo da vida moderna, destacando a beleza e a simplicidade como caminhos naturais para o homem vencer a angústia da existência humana.

Do mesmo período de Gibran, outro autor libanês que merece destaque é Jurgi Zaidan, um intelectual de origem cristã ortodoxa que defendia arduamente o secularismo como a principal via reflexiva para a afirmação de uma cultura libanesa genuína. Uma de suas obras mais conhecidas, *A árvore de pérolas*, de 1914, é um dos primeiros textos literários contemporâneos voltados para o grande público leitor no Líbano, distante da linguagem rebuscada acessível apenas às elites sectárias do país, habituadas a uma educação ocidentalizada. Ao passar algum tempo

## 152 | Os libaneses

no Egito, Jurgi Zaidan fundou a revista literária *al-Hilal* em 1892, tida como um grande legado cultural aos árabes, o que faz com que seja reconhecido como um autor importante não apenas no Líbano.

Além disso, parte de sua obra está direcionada à escrita de uma literatura histórica original, expressa em livros como *A conquista da Andaluzia*, de 1903; *A irmã do Califa*, de 1906; e *Saladino e os assassinos*, de 1912. Essas obras refletem um estilo de escrita que tenta harmonizar elementos históricos, extraídos de fontes documentais, com personagens fictícios construídos para o deleite do público geral. Nesse contexto, merece destaque a já citada obra histórica de Zaidan, *A árvore de pérolas*, que conta a vida de Shajaral-Durr, uma das rainhas mais famosas da Idade Média árabe durante a dinastia mameluca. O pano de fundo dessa narrativa é o cenário de instabilidade política do Egito no século XIII, com aproximações possíveis à vida política do Oriente Médio contemporâneo.

Para não se limitar ao universo masculino, cabe ressaltar a obra da escritora de origem cristã May Ziade, pouquíssimo traduzida para as línguas ocidentais. A autora é mais conhecida pelas cartas de amor que trocou com Khalil Gibran entre 1912 e 1931, quando a correspondência foi interrompida pela morte do autor de *O profeta*. Ambos nunca se viram, mas mantiveram uma relação platônica capaz de produzir lindas mensagens agora acessíveis ao público leitor. A autora, nascida em Nazaré (atual Israel), quando toda essa região pertencia ao Distrito otomano de Beirute, foi imersa no ambiente literário e cultural do Líbano pré-independência, conduzida principalmente por seu pai, Elias Ziade, oriundo de Chahtoul, região do Monte Líbano.

Mas May Ziade é mais do que uma escritora admirada por seu pai e por Gibran; ela é um expoente da cultura libanesa que deveria ser admirada por todas as pessoas do mundo que reconhecem a importância política da junção entre poesia, igualdade de direitos e ensaio sociológico, promovida por uma mulher no Oriente Médio da primeira metade do século XX. Sua obra mais conhecida é o livro de poemas *Fleurs de rêve* (Flores de sonho), fortemente inspirado em Baudelaire, Rimbaud, entre outros escritores ocidentais do romantismo e do simbolismo. May Ziade assinou sua obra com o pseudônimo Isis Copia para não ser facilmente reconhecida e perseguida pelo conservadorismo das sociedades árabes.

> Três escritores emblemáticos da literatura libanesa:
> Kahlil Gibran (com sua escrita filosófica), Jurgi Zaidan
> (defensor do secularismo e da educação nacional)
> e May Ziade (militante pela emancipação feminina)

Aquarela libanesa | 153

*Autorretrato com musa, c. 1911*

Por fim, como último expoente da literatura árabe e libanesa durante a an-Nahda, destaca-se a produção literária da escritora, historiadora e poeta libanesa de origem muçulmana xiita Zainab Fawwaz. Ao contrário de May Ziade, não se trata de uma mulher que frequentava desde a infância os redutos exuberantes da elite local, já que Zainab Fawwaz era de origem humilde, nascida no interior de uma família pobre da aldeia de Tebnine, sul do Líbano. Seu contato com o mundo intelectual e literário se deu quando ela trabalhou como empregada doméstica no palácio de Ali Bey al-Assad al-Saghir, uma espécie de senhor de terras da região. Foi nesse ambiente que Zainab Fawwaz aproximou-se de Fatima al-Khalil, esposa de Ali Bey, com quem se alfabetizou e deu os primeiros passos na carreira literária. Mais tarde mudou-se para Alexandria, Egito, onde teve acesso ao círculo literário local, bem como às ideias da an-Nahda, principalmente sobre a defesa dos direitos das mulheres.

O mérito dessa escritora está não somente no fato de Zainab Fawwaz ser a primeira autora teatral mulher do Oriente Médio, com a obra *Amor e fidelidade*, de 1893, mas, sobretudo, pelo valor de seus esforços em defesa da convivência da tradição e de princípios modernos na literatura e na vida das mulheres da região. Dedicou parte de sua vida literária à escrita de artigos publicados em jornais egípcios e textos defendendo igualdade de direitos para as mulheres. Uma de suas principais obras é um dicionário biográfico de mulheres célebres, intitulado *O livro das pérolas dispersas*, publicado entre 1894 e 1895.

Com o início do controle francês sobre a região do Líbano e da Síria, o desejo de construir um projeto de nação inspirado em valores ocidentais vai perdendo espaço diante do crescimento de um movimento político e literário voltado para a definição de princípios culturais "genuinamente libaneses" e autônomos em relação aos franceses. Isso não se traduzia em um repúdio veemente à influência cultural de Paris, mas representava a certeza de que o Líbano era capaz de ser construído a partir de seus próprios valores. Essa nova fase da literatura libanesa, que avançou no tempo em direção às primeiras décadas do Líbano independente, foi marcada pela exaltação das origens fenícias locais, o que distanciava o legado cultural do país de qualquer visão de subalternidade em relação aos árabes e ao arabismo. O discurso de que o "país dos cedros" era uma espécie de Fenícia moderna chegou ao campo literário com a fundação da *Revue Phénicienne*, em 1919, do escritor libanês Charles Corm.

Os textos do autor, bem como a linha editorial de sua revista, exaltavam a glória dos libaneses como descendentes diretos dos fenícios e herdeiros de um patrimônio cultural essencial para a humanidade, como comprovariam a invenção do alfabeto e do comércio marítimo na Fenícia. Por trás dessa visão idealizada estava a defesa de um projeto de nação que ressaltava o destaque do Líbano como país não exclusivamente árabe no coração do Oriente Médio. As obras de Charles Corm que merecem destaque são: *La Montagne inspirée* (A montanha inspirada), de 1934, uma coleção de textos de grande sucesso que narra as aventuras do povo fenício; e *Contes érotiques*, escrito em 1912, e que dispensa comentários.

Ainda no conjunto dos autores entusiastas da condição "fenícia" do Líbano, Said Akl foi um dos escritores e poetas mais conhecidos da literatura libanesa contemporânea. De família cristã maronita, o autor encantou-se em um primeiro momento com o projeto político de unificação da Síria e do Líbano em um único país, ideia defendida por Antoun Saade, do Partido Social Nacionalista Sírio (ver capítulo "Champanhe em barril de cedro: o Líbano contemporâneo"). Mais tarde, rompeu com essa perspectiva e dedicou toda a sua vida e obra à defesa de um nacionalismo libanês que destacava o lugar do Líbano na história da humanidade a partir da valorização do papel civilizador dos fenícios na Antiguidade.

Incapaz de separar a escrita literária da política, seus trabalhos foram marcados pelo uso do lirismo para a propagação de suas ideias sobre o Líbano e os libaneses. Foi com esse ímpeto que Said Akl assumiu a difusão do que chamava de "língua libanesa" (uma junção do árabe dialetal libanês com o aramaico e o siríaco) em detrimento do árabe clássico, adaptando essa nova língua a um alfabeto latino com 36 letras. No campo literário, Akl começou escrevendo peças teatrais na década de 1930, dedicando-se também a letras de músicas e poemas épicos. Um de seus livros de poesia mais conhecidos é *Yara*, de 1961, o primeiro a ser escrito em sua língua libanesa.

Além dessas obras, Akl também se dedicou à política, ao jornalismo e à carreira de professor universitário, chegando a publicar o jornal *Lebnaan* (*Líbano*, na língua libanesa). No ambiente conturbado pré-Guerra Civil, assumiu uma postura militante, fundando o Partido Renovador Libanês, às vésperas do conflito em 1972, ao lado de outros nacionalistas libaneses. Em 1974, uniu-se aos Guardiões dos Cedros, um grupo político de extrema-direita que se transformou em uma milícia durante a guerra e fez parte da chamada Frente Libanesa. Faleceu em 2014 aos 102 anos.

Outro expoente dessa mesma geração de escritores foi Mikhail Naymi, um autor que se dedicou a textos místicos de caráter filosófico. Foi membro da Liga de escritores de Nova York, uma organização liderada por ele e por Khalil Gibran nos anos em que viveram nos Estados Unidos. Mikhail Naymi voltou ao Líbano em 1932, e em 1948 publicou sua maior obra, *O Livro de Mirdad*. Trata-se de um texto de forte teor reflexivo que garantiu ao autor sua imagem de filósofo dedicado ao tema da existência humana.

Com um estilo muito próximo da obra *O profeta*, de Gibran, Naymi defendeu a essência de um Deus interior em todos os homens, criticando a superficialidade

156 | Os libaneses

de determinadas religiões e negando o materialismo tão em voga naqueles anos. Dominava o inglês e o russo com maestria, escrevendo parte de suas obras nessas línguas. Além de *O Livro de Mirdad*, os poemas de Naymi também se concentraram em assuntos espirituais, porém o autor não se fundamentou apenas nas questões sobre o sagrado caras ao cristianismo ortodoxo com que foi educado desde a infância. Temas delicados para a teologia cristã, como a reencarnação, são inseridos nos textos líricos do Naymi, mostrando que a paixão e o sentimentalismo devem servir como uma ferramenta para que o homem encontre a Verdade e conheça os planos de Deus para a humanidade.

Os anos da Guerra Civil Libanesa (1975-1990) deixaram marcas profundas não apenas naqueles que se envolveram diretamente nos conflitos, mas também na geração literária que cresceu testemunhando as cenas de extrema violência que varreram o país. Nesse contexto, os textos e as impressões sobre o Líbano durante e após os combates assumiram a função de revelar ao mundo o sofrimento que marcou uma geração que olha para a sociedade civil libanesa de forma crítica e melancólica. O ambiente caótico desse período fez emergir questões que até então não se discutiam abertamente no Líbano, principalmente as que são sensíveis a um universo de mulheres escritoras que mostraram, ao mesmo tempo, seu amor pelo Líbano e sua insatisfação com os tabus sociais que ainda cercam essa sociedade.

Uma das principais autoras que apresentam esse perfil é Hoda Barakat, em seu livro *A pedra do sorriso*, de 1990. A obra em questão é o primeiro texto literário que apresenta um personagem principal homossexual, atormentado pela incompatibilidade entre seu desejo e os desfechos da Guerra Civil em um universo repressor em relação a questões de sexualidade. O pano de fundo da obra é o ataque israelense ao Líbano em 1982 e a maneira como os desdobramentos da guerra afetam o cotidiano dos personagens, principalmente a relação dos amigos Khalil e Nayif. Aclamado como um texto inovador, *A pedra do sorriso* abre as portas para que uma nova geração de mulheres assuma um papel de destaque na literatura libanesa contemporânea.

Essa combinação entre os desafios da nova sociedade civil libanesa, que precisa negociar certas questões políticas e sociais após a Guerra Civil, e a juventude local dividida entre elementos tradicionais e modernos da vida cotidiana faz com que a literatura libanesa dos anos 2000 sirva como um manifesto contra as mazelas entranhadas na sociedade local: o conservadorismo político, o machismo institucionalizado e o patriarcalismo familiar. Ao invés da defesa do arabismo, da herança fenícia ou de qualquer nacionalismo engajado, essa nova geração de escritores libaneses levanta discussões mais próximas de uma agenda social que fundamenta a nação a partir de temas como sexo, casamento civil, emigração e violência de gênero. A literatura ganha contornos de uma revisão reflexiva da relação entre indivíduo e sociedade, fazendo com que as contradições da vida no Líbano não se escondam na História milenar exaltada, no misticismo orientalista ou na guerra como único palco de brutalidade.

Esse é o caso da obra *Beirute: eu te amo*, de Zena El Khalil, publicada em 2008. A partir das impressões de Zena sobre a Beirute pós-Guerra Civil, o livro traz um relato sobre os diferentes mundos de um espaço urbano que comporta a situação caótica de refugiados e milicianos, por um lado, e os reveses de uma juventude local que mantém uma relação superficial e hedonista com a vida, debruçando-se sobre as novidades das cirurgias plásticas, as questões de gênero e as drogas. A história de amor que se desenvolve nesse cenário é a marca de uma geração atônita diante do jogo de estereótipos entre Oriente e Ocidente e que trata de discussões introspectivas sobre a condição humana em um universo de expectativas no interior de um país em crise.

No geral, o panorama da literatura libanesa contemporânea aqui apresentado é apenas uma seleção de obras emblemáticas que o público leitor pode encontrar nas prateleiras das livrarias. As obras mencionadas revelam distintas gerações de escritores que trazem suas experiências pessoais e expectativas para o universo literário, priorizando os autores que, de alguma maneira, refletiram os diferentes momentos e temas perseguidos pela escrita literária do país ao longo do tempo. Trata-se de um pequeno aperitivo em meio ao grande banquete de letras e histórias de um dos mais profícuos universos editoriais do mundo árabe.

## QUEM CANTA, SEUS MALES RESSALTA: A MÚSICA DO LÍBANO

A música libanesa, apesar de referência dentro do Oriente Médio, é muito pouco conhecida nos países ocidentais, mesmo naqueles que possuem uma numerosa colônia de imigrantes libaneses. Quando se pensa em "música árabe", na maioria das vezes, imaginam-se fortes batidas de percussão com um instrumento rústico de cordas e odaliscas saltitantes com véus, espadas e até cobras que se enroscam no corpo das bailarinas. Ao fundo, uma voz estridente reproduz um gemido que, ou sugere que a música não tem letra, ou que o cantor sofre de inflamação no dente do siso. Contra todos os estereótipos sobre a música dos países árabes, o Líbano é o epicentro de um circuito musical que valoriza elementos da tradição e do folclore local e inova no campo da música popular ao se fundir com ritmos internacionais que vão do jazz ao hip hop.

158 | Os libaneses

A chamada nova música libanesa, aquela que não se limita ao ambiente da tradição folclórica, começa a ganhar espaço no Oriente Médio após a segunda metade do século XIX, movida novamente pelo entusiasmo dos árabes em relação à cultura ocidental. À medida que a França aumentava sua influência sobre a região do Líbano e da Síria, a produção musical local afastava-se do cenário restrito das canções pastoris e camponesas das montanhas e se aproximava das tendências europeias, com o intuito de atender às expectativas de "modernização" da cultura libanesa diante do arcaísmo que se atribuía a tudo o que vinha do Império Otomano. Com as primeiras décadas do século XX, principalmente entre os anos 1920 e 1940, a vinda de missões culturais francesas ao Líbano favoreceu uma mudança de posição dos libaneses em relação à função social da música.

Se antes da presença francesa a música era valorizada pela sua dimensão sentimental e melancólica, após a chegada de compositores e artistas ocidentais de teatro à Beirute, cresceu o interesse da população local por canções satíricas que se combinavam às críticas aos otomanos recém-depostos e a qualquer agente social passível de ser ridicularizado. Em muitos casos, a produção musical libanesa não perdia sua dimensão sentimental-afetiva, mas ganhava outro papel social que ajudava a sistematização de um gosto ou padrão musical genuinamente "libanês". Nessa cena cultural, os poetas assumiram lugar de destaque, seja pelo domínio que tinham da poesia de improviso (eminentemente satírica), ou por serem reconhecidos como figuras importantes para a criação de um hábito cultural em uma região encantada com a cultura dos cafés e dos salões franceses. Imbuído por esse espírito, o folclorista libanês Omar al-Zeenni chegou a criar cerca de 1.600 peças em árabe libanês, dando efervescência ao ambiente cultural da primeira metade do século XX, principalmente entre o Líbano e a Palestina. Em sua luta contra a opressão otomana, Omar al-Zeeni fez da música e da poesia satíricas a sua arma.

Com os desdobramentos da Segunda Guerra Mundial e a nova reconfiguração do Oriente Médio composta por novos territórios independentes, a música não deixou de se aproximar da política, mas agora o nacionalismo libanês tomava o lugar da sátira como principal tema das canções dos anos 1950 e 1960. A produção cultural libanesa em geral, mas especialmente a música popular, deu ainda mais peso à estratégia de se misturarem estilos musicais europeus e norte-americanos com elementos da tradição local. Esse esforço refletia a própria maneira como o Líbano pós-independência se entendia no Oriente Médio e colocava o país como um concorrente regional que ameaçava a hegemonia cultural do Egito nasserista. No interior do cenário musical libanês desse período, os irmãos Assi e Mansour Rahbani se transformaram em ícones de uma época ao se popularizarem como grandes compositores dos sucessos musicais interpretados por uma jovem e promissora cantora libanesa: Fairuz, que posteriormente se casou com Assi Rahbani.

Os espaços para o sucesso desse novo fenômeno musical libanês foram os festivais internacionais de música, ainda hoje bastante populares no país. O festival da cidade de Baalbek, criado em 1956 pelo então presidente Camille Chamoun, segue ainda como um palco de prestígio mundial para artistas libaneses e estrangeiros, já que o evento recebeu de maneira calorosa grandes nomes da música internacional, como Nina Simone, a própria Fairuz, Sting, Ella Fitzgerald, Charles Aznavour, Gilberto Gil, entre outros.

De todos os intérpretes libaneses que partiram para o estrelato nessa época e avançaram pelas décadas seguintes, Fairuz é a mais emblemática. Sem abandonar a forte marca política das canções libanesas ao longo da história, Fairuz e os irmãos Rahbani se transformaram em grandes nomes da música em todo o Oriente Médio. Além de ser chamada de "Primeira-dama da canção libanesa", e concorrer amistosamente com a cantora egípcia Umm Kulthum (conhecida como "Estrela do Oriente") pelo título de maior expoente da música árabe, Fairuz chegou a ter suas músicas proibidas por certo tempo nas rádios libanesas, depois que, em 1969, ela se recusou a fazer um concerto privado para o então presidente argelino Houari Boumedienne. Ao tornar pública sua decisão de não ceder aos interesses políticos de aproximação com o presidente da Argélia, a popularidade de Fairuz disparou.

A chegada e o desenrolar da Guerra Civil a partir de 1975 fizeram com que os principais artistas libaneses passassem a ser admirados na diáspora daqueles que tentavam reconstruir suas vidas pelo mundo. As canções nacionalistas e ufanistas que ressaltavam o amor de todos por um Líbano cada vez mais distante alimentavam a melancolia dos libaneses afastados de sua terra natal. A partir desse valor nostálgico que as canções ganhavam quando ouvidas pelos emigrados, não somente Fairuz, mas também outros artistas de grande sucesso antes da Guerra Civil, como Wadih El Safi e Sabah, foram se transformando em ícones culturais de um país cujo passado era revivido na memória afetiva de seus cidadãos e o presente era substituído pelo desejo de que o futuro reservasse a paz para todos.

O fim da Guerra Civil em 1990 gerou a necessidade de reconstrução do Líbano, e, do ponto de vista musical, ganharam espaço as novas tendências vindas de outras partes do mundo, seja pelo retorno de alguns de seus emigrados ou mesmo pela abertura cultural ao Ocidente que marcou os esforços dos libaneses em mudar radicalmente a imagem que os demais povos tinham do seu país. Assim, o Líbano passou a viver uma explosão de artistas pops que sobrevivem no mercado musical libanês até hoje. As figuras notórias da música libanesa pós-Guerra Civil são diversas e possuem estilos bem diferentes; desde a elegância contida de Majda el Roumi à extravagância e sensualidade de Haifa Wehbe.

No interior desse amplo universo de possibilidades, dois cantores de características bem distintas merecem destaque: a mistura de tradição e modernidade de Fares Karam e o rap de letras combativas de Rayess Bek. No caso de Fares Karam, sua música mistura batidas modernas que tanto agradam a juventude libanesa com uma das formas mais tradicionais da música e da dança folclórica do Líbano: o dabke. A origem do dabke é repleta de mitos, e o principal deles afirma que nas antigas construções do país, antes da chegada dos telhados modernos no século XIX, a cobertura das casas era feita de galhos de árvores e de lama. No inverno, a lama rachava e permitia o surgimento de goteiras e infiltrações. Para corrigir essas falhas, o proprietário da casa chamava seus vizinhos para juntos subirem à cobertura e, de mãos dadas, formarem uma fila para cadenciadamente pisarem o teto da casa, ajustando a lama e corrigindo as falhas. Ao acrescentarem música tradicional a essa ação ritmada, criaram o dabke. Atualmente, essa dança folclórica é a preferida dos

Um dos maiores ícones da cultura libanesa, a cantora Fairuz é ainda hoje uma referência cultural importante para os libaneses, tanto para os que vivem no país quanto para os que se encontram na diáspora.

O alcance do trabalho de Majda el-Roumi faz com que a artista seja reconhecida como uma das figuras mais populares da cultura árabe em todo o Oriente Médio. Na foto, ela é homenageada pelo presidente Michel Suleiman, em 2011.

jovens libaneses em casamentos e festividades. O que Fares Karam e outros artistas fazem hoje em dia é dar uma cara moderna ao dabke, mesclando sua forte batida aos sons modernos da música libanesa pós-guerra.

Ao mesmo tempo que a juventude libanesa se rende ao estilo contemporâneo do dabke, se vê influenciada também pelo ritmo do rap e do hip hop nacionais, que têm nas letras de Rayess Bek sua forma mais popular. Como no movimento internacional desse tipo de música, o tom político e de denúncia social aproxima os jovens libaneses do novo cenário cultural local, voltado também para o Ocidente, mas com uma agenda própria que traz para as letras das canções os problemas atuais vividos pelo país, tais como os conflitos constantes e a decepção diante da ação de políticos e das forças de segurança do Líbano. Somam-se a esse novo movimento cultural grupos musicais novos e vibrantes como o Soap Kills e o Mashrou'leila. Vale a pena entrar em contato com esses fenômenos musicais recentes do Líbano, cujas canções e os videoclipes podem ser facilmente encontrados na internet.

## 162 | Os libaneses

# ENTRE O CAIRO E HOLLYWOOD:
# A SÉTIMA ARTE NO LÍBANO

Quem conhece o cinema libanês sabe que seus belos roteiros não se resumem ao histórico de conflitos armados do país. O primeiro filme feito no Líbano foi *As aventuras de Elias Mabrouk*, dirigido pelo italiano Giordano Pidutti entre 1929 e 1930. O jovem cineasta que se mudou para Beirute levou consigo a sétima arte ao Líbano, contando a história de um emigrante libanês que voltava à sua terra natal depois de viver nos Estados Unidos. O filme, ainda que elaborado com as técnicas simples do cinema mudo, estourou como um grande sucesso na época, permitindo que o diretor fizesse um novo filme, intitulado *As aventuras de Abu Abed*, em 1931, que contava agora a história de um emigrado libanês, mas dessa vez vindo da África. O sucesso dos filmes sobre emigrantes não garantiu que Pidutti tivesse novos êxitos no ramo, quebrando então a confiança dos investidores no potencial comercial do cinema no Líbano. No fim de sua vida, o diretor italiano passou a sobreviver produzindo filmes de casamentos e eventos sociais, já que não pôde contar com os investimentos de que necessitava para dar prosseguimento a sua carreira.

Em 1936, surgiu no país o primeiro filme falado, *Nas ruínas de Baalbek*, dirigido por Julio de Luca e Karam Boustany. Ainda sob controle francês, a produção cinematográfica libanesa viveu as intempéries da ameaça da Segunda Guerra Mundial, em uma época em que o cinema nacional dependia da Europa. Por essa razão, alguns estudiosos da sétima arte no Líbano consideram que somente nos anos 1950 houve uma produção significativa de filmes no país, e sua história deve ser contada a partir desse momento. Não por acaso, foi em 1957 que o cinema libanês levou seu primeiro filme ao festival de Cannes, o *Para onde?*, uma produção de Georges Nasser que retomava o tema da emigração. Mas o sucesso do cinema egípcio nesse momento ofuscava o mérito de qualquer filme libanês, considerando que grande parte das salas de cinema do Líbano preferia o apelo comercial das produções vindas do Egito.

O domínio egípcio sobre o cinema árabe manteve-se até os anos 1960, quando o presidente Gamal Abdel Nasser nacionalizou a indústria cinematográfica do Egito, fazendo com que muitos de seus diretores fossem para o Líbano em busca de maior liberdade para a realização de suas obras. A combinação entre as lindas paisagens libanesas, seu mercado para filmes e o domínio técnico dos egípcios garantiu uma espécie de renascimento da indústria cinematográfica do Líbano. Nesse período, os filmes libaneses se aproximaram do estilo egípcio e ocidental de se conceber a sétima arte, mostrando a falta de uma marca genuinamente libanesa na produção local.

Entretanto, a Guerra dos Seis Dias, em 1967, fez com que o cinema libanês voltasse a ter expressão regional, quando seus diretores decidiram investir em documentários de cunho político que registravam a vida e a situação dos palestinos em solo libanês. Foi com esse espírito que Christian Ghazi emplacou o filme *Os Fedayins*, na mesma época em que Gary Garabedian lançava *Somos todos Fedayins*. Ao lado dos documentários sobre os palestinos, os filmes musicados e estrelados por grandes damas da música libanesa, como Fairuz e Sabah, deixavam sua marca no cenário cinematográfico do Líbano. A recepção do cinema em solo libanês era visível com o aumento de salas de exibição no país, e Beirute passou a ser um dos lugares onde esse tipo de entretenimento mais se expandia no mundo. Esse quadro somente foi alterado com a chegada da televisão, e ficou ainda pior com a politização da produção cultural do país, já que o governo libanês passou a censurar e perseguir artistas e diretores que, por algum motivo, eram identificados como "simpatizantes de Israel". A censura não se limitava às questões geopolíticas da região, ela atingia também obras consideradas ousadas em questões sexuais e religiosas. Os espectadores que esperavam ver as curvas das grandes divas do cinema local e ocidental viram suas expectativas serem frustradas por um Estado libanês que se fechava diante do que considerava ser uma ameaça cultural estrangeira ao país.

O começo da Guerra Civil, já na década de 1970, gerou ao mesmo tempo um conjunto de filmes ainda mais engajados politicamente, mas que geralmente eram produzidos por diretores que passaram a viver exilados em países como a França e os Estados Unidos. O contato forçoso desses expatriados com o universo cinematográfico ocidental permitiu o aprimoramento técnico desses profissionais e fez com que o sofrimento da guerra se transformasse no tema preferencial dessas produções. De acordo com o relatório do Euromed Audiovisuel, os maiores expoentes desse período foram os diretores: Borhane Alaouie, Elie Samaha, Georges Chamchoum, Jean-Claude Codsi, Jocelyne Saab, Leyla Assaf, Mario Kassar, Maroun Baghdadi, Randa Chahhal, Sylvio Thabet, entre outros.

O fim do conflito nos anos 1990 garantiu um novo recomeço da produção cinematográfica libanesa, principalmente com o surgimento de novos profissionais que saíam das universidades e escolas de artes do Líbano, quando o Cinema passou a vigorar como disciplina reconhecida em seus currículos. O desafio dessa nova geração pós-Guerra Civil era superar as dificuldades locais de produção, mantidas, sobretudo, pela ausência de qualquer política cinematográfica e vontade por parte do Estado de incentivar esse tipo de produto cultural; a tímida participação do setor privado nesse tipo de empreendimento; a falta de uma política cultural que incentivasse a frequência do público aos cinemas libaneses; e a incorporação dos profissionais de cinema a outras atividades mais lucrativas como a publicidade e a televisão.

Quanto ao cinema libanês do século XXI, a qualidade das produções é significativa e ocupa um espaço cada vez maior no circuito internacional. Melhor do que descrever os sensíveis e criativos roteiros desses filmes, cabe fazer um convite a todos para que assistam a grandes obras como *Caramelo* (2007) e *E agora, para onde vamos?* (2011), ambos de Nadine Labaki; *Bousta* (2005), de Philippe Aractingi; *Beirut Hotel* (2011), de Danielle Arbid; *Ok, basta, adeus* (2012), de Rania Attieh e Daniel Garcia; o documentário *Sociedade libanesa de foguetes* (2012), de Joana Hadjithomas e Khalil Joreige; e muitos outros...

A atriz e diretora Nadine Labaki é um dos destaques do cinema libanês. Em seus filmes, ela trata de questões ainda tabus, como as cicatrizes da Guerra Civil (em *E agora, para onde vamos?*) e o papel das mulheres em uma sociedade machista (em *Caramelo*).

Aquarela libanesa | 165

# LÍBANO E BRASIL: A LÓGICA DA ESFIHA DE FRANGO

## DA IMIGRAÇÃO À HIBRIDIZAÇÃO CULTURAL

Os vestígios da integração dos imigrantes libaneses à sociedade brasileira estão em todos os lugares. Na paisagem urbana do Brasil, vê-se placas de consultórios médicos com sobrenomes árabes, nomes de clubes esportivos que remetem a regiões do país de origem como "Monte Líbano" e o comércio popular de quitutes da culinária síria e libanesa – tudo são indícios do processo cotidiano de negociação de identidades entre os brasileiros e as raízes culturais de seus cidadãos de origem imigrante. O resultado dessa trama produz dados impressionantes, como o fato de que somente a maior cadeia de comida árabe *fast food* do Brasil chega a vender em apenas um ano aproximadamente 680 milhões de esfihas, o que demonstra a incorporação desse produto da culinária síria e libanesa à vida dos brasileiros, mesmo daqueles que não possuem laços de parentesco ou afetivos com o Líbano e a Síria.

A história dos salgadinhos de rua, ainda que repleta de lendas, pode servir como um exemplo do fenômeno de hibridização cultural que envolve a comunidade imigrante libanesa e o processo de industrialização e urbanização das grandes cidades brasileiras. A coxinha, por exemplo, o salgadinho mais popular no Brasil, não possui nenhuma relação com a cultura libanesa, mas abriu as portas para que a esfiha e o quibe fossem adaptados ao gosto do público local. Há quem defenda que a coxinha seja uma invenção paulista criada na Fazenda Morro Azul, em Limeira, propriedade da família imperial no século XIX. De acordo com a lenda, em um dia em que não havia frango suficiente para produzir uma grande quantidade de coxa de frango, a cozinha da fazenda desfiou e temperou o frango que havia e recheou uma massa a ser frita, dando origem ao quitute que foi recebido como uma iguaria pelos comensais.

## 168 | Os libaneses

De fato, parece crível que a coxinha foi inventada como uma adaptação culinária, mas outra versão de sua história costuma circular pelos subterrâneos da História gastronômica nacional. Durante o desenvolvimento da industrialização paulista, a coxinha foi inventada como uma adaptação mais barata da coxa de frango, vendida como uma refeição rápida nas portas das fábricas aos operários. Em comum, as duas lendas marcam o registro de que a iguaria teria surgido entre os séculos XIX e XX, e as coincidências narrativas acabam por aí. De todo modo, esse é o mesmo período em que o quibe e a esfiha se popularizam no Brasil, fazendo com que a esfiha, por exemplo, perdesse a receita original, que prevê seu recheio de carne, coalhada temperada ou verduras, para passar a ser preenchida pelo frango desfiado que sobrava da elaboração das famosas coxinhas brasileiras. Mitos à parte, a esfiha de frango é a cara do Brasil, sendo vendida na maioria dos estabelecimentos do ramo. A passagem da coxinha para a esfiha de frango é uma boa alegoria do processo de integração da cultura trazida pelos imigrantes libaneses para o Brasil, assim como o quibe recheado com catupiry e os sanduíches chamados de "Beirute" feitos com produtos industrializados locais como o queijo cheddar.

Se o campo da gastronomia impõe esse desafio histórico como prova da conexão cultural entre o Líbano e o Brasil, outras áreas da cultura como a literatura também revelam as páginas mais jocosas dos frutos da imigração libanesa em território brasileiro. Os cronistas e escritores do século XIX não deixaram de registrar a transformação da paisagem urbana sofrida pelo Brasil com a chegada dos distintos grupos que migraram para cá, principalmente os sírios e libaneses. Da crônica "A morte do árabe Assef Aveira", em que Machado de Assis trata da passagem da literatura romântica para a realista, aos estudos de D. Pedro II da língua árabe e de textos clássicos da cultura do Oriente Médio como o *Livro das Mil e Uma Noites*, o aumento de mascates de origem árabe nas ruas das cidades brasileiras afetava muito mais do que a economia popular do Brasil.

Ao longo do século XX, foi Jorge Amado quem melhor registrou a presença dos imigrantes sírios e libaneses no território brasileiro. Os personagens de muitas de suas obras, como o Nacib de *Gabriela, Cravo e Canela*, ou mesmo Fadul Abdala de *Tocaia Grande*, mostram a importância da chegada desses imigrantes não somente nas grandes cidades brasileiras como Rio de Janeiro e São Paulo, mas também em outras partes do país como a Bahia. A posição destacada dos sírios e libaneses teve seu registro mais significativo na obra *A descoberta da América pelos turcos*, publicada em 1992 por ocasião das comemorações dos quinhentos anos da chegada dos europeus ao continente americano. A ideia de Jorge Amado era transferir o protagonismo da colonização das Américas a outros povos longínquos, tão importantes para a formação da América quanto os europeus. A obra narra as peripécias de Raduan Murad e Jamil Bechara na zona do cacau baiano, entre prostitutas, coronéis e certa exaltação à mestiçagem característica da formação cultural brasileira.

Na outra ponta desse emaranhado cultural está a literatura feita por escritores de ascendência libanesa vindos de uma geração posterior à de Jorge Amado. Ao lado de obras como *Lavoura arcaica*, de Raduan Nassar, e *Dinheiro na estrada*, de Emil Farhat, os romances *Relatos de um certo Oriente* e *Dois irmãos*, de Milton Hatoum, reforçam o olhar sensível de uma geração de origem imigrante já integrada à sociedade brasileira. Existem muitos outros autores que reafirmam a posição dessa negociação cultural entre o Líbano e o Brasil, e cada um desses expoentes da literatura brasileira é, de algum modo, tão híbrido e harmonizado ao cotidiano nacional quanto as esfihas de frango de outrora.

Mas o que esse panorama cultural e literário revela sobre a aproximação afetiva entre brasileiros e libaneses? Certamente reflete a saga às vezes harmônica ou conflituosa de dois mundos geograficamente distantes, porém culturalmente complementares. Um brinde à pluralidade da imigração libanesa e às distintas formas de se viver e reviver o Líbano no vasto território brasileiro.

## O BRASIL COMO DESTINO

A imigração libanesa já foi amplamente discutida por diversos historiadores e estudiosos do tema, sempre embasados em um conjunto inesgotável de documentos oficiais, registros familiares e relatos de pessoas envolvidas com essa experiência. A tarefa de reunir as informações sobre a presença libanesa no Brasil é um desafio porque envolve não apenas os dados técnicos de tabelas e gráficos sobre questões socioeconômicas, mas mobiliza também certo número de memórias afetivas que precisam ser tomadas com o cuidado e o respeito devido. Cada pessoa visceralmente relacionada com esse tema alimenta em si uma narrativa específica que, na maioria das vezes, engrandece a trajetória de seus familiares e entes queridos. Narrativas de amor, de superação de dificuldades, entre outros roteiros heroicos, formam o imaginário dos descendentes da primeira geração de imigrantes nas rodas de conversa, nos almoços de domingo; independentemente da comprovação histórica desses relatos, todas as imagens afetivas devem ser respeitadas.

O legado principal deixado pelos imigrantes libaneses no Brasil não são a prosperidade econômica da colônia, a visibilidade social de seus descendentes, ou mesmo o passaporte estrangeiro reivindicado por orgulhosos filhos e netos que não conhecem

Arquivo pessoal da família Bon Meihy

A migração de libaneses para a América foi consequência do contexto político e econômico conturbado do Líbano. Sem seus pais, Ibrahim Nagib Bon Meihy (foto ao lado) partiu para reconstruir sua vida no Brasil, onde se integrou à sociedade e se tornou comerciante na loja de tecidos Casa Abrahão, em Taubaté, São Paulo (foto na outra página).

a carestia da vida imigrante por mérito de seus antepassados. As maiores heranças deixadas pelos imigrantes libaneses no Brasil não podem ser traduzidas pelos dados históricos revelados em documentos e no trabalho de historiadores por duas razões inerentes à experiência dessa imigração: 1) para muitas famílias, a imigração ainda não acabou; e 2) para os descendentes, o vínculo identitário com o Líbano não respeita qualquer conhecimento tecnicamente racionalizado. O cheiro do *zaathar* que sai da cozinha, as fotografias em preto e branco e a sonoridade dos sotaques são mais significativos que o jogo de verdades e mentiras mantido pela narrativa historiográfica.

Entretanto, sabe-se que há um contexto histórico que motivou o início da emigração libanesa sistemática não somente para o Brasil, mas para diversas regiões do mundo a partir da segunda metade do século XIX. Os conflitos crescentes en-

Arquivo pessoal da família Bon Meihy

tre determinados grupos confessionais (ver capítulo "Turco é a mãe! As raízes do Líbano"), o desprestigio de comunidades árabes no interior das estâncias de poder do Império Otomano e o aumento da influência de potências ocidentais na região foram apenas alguns dos fatores que propiciaram a vinda desses imigrantes para a América. Ao lado desses cenários, uma grande crise econômica do setor industrial da seda na região do Monte Líbano também foi decisiva para que os libaneses tentassem reconstruir a vida em outros países. Em muitos casos, a atuação de missionários religiosos ocidentais nas províncias otomanas favoreceu o alinhamento de grupos cristãos orientais ao catolicismo romano, um fenômeno que consolidava a influência de Roma entre grupos minoritários que viviam sob o domínio do islã sunita (ver as diferentes visões cristológicas e a chegada dos cruzados no capítulo

"Quem precisa de Asterix? O Líbano histórico"). Um caso significativo desse processo é o vínculo da Igreja Melquita com os católicos romanos, distanciando-se de sua origem grego-ortodoxa bizantina. O aumento da necessidade de proteção desses grupos contra os otomanos sunitas fez com que muitos cristãos da região do Líbano desejassem a proteção diplomática dos impérios europeus, que crescia vertiginosamente no interior do Império Otomano ao longo do século XIX.

O atual cenário de sectarismo que marca as notícias sobre o Oriente Médio veiculadas pela mídia faz com que a memória dos descendentes de imigrantes libaneses reforce o aspecto étnico da vinda de seus ancestrais ao Brasil, mas alguns autores que tentam explicar esse movimento garantem que a crise econômica da produção da seda foi o elemento central da imigração libanesa, principalmente porque a aproximação dos cristãos árabes com a modernidade ocidental representada e defendida pelas missões dos religiosos vindos dos impérios europeus vendia a imagem de que no Ocidente havia condições sociais, políticas e econômicas melhores do que aquelas oferecidas pelos otomanos. Na construção do imaginário positivo sobre as oportunidades oferecidas pela modernidade ocidental, ganhou peso a viagem do imperador brasileiro, D. Pedro II, à região dos atuais Líbano, Síria e Palestina, consolidada pela assinatura de um Tratado de Amizade, Comércio e Navegação entre o Brasil e o Império Otomano em 1858, bem como a abertura de um consulado otomano no Rio de Janeiro em 1887.

Ao mesmo tempo que as missões religiosas cristãs ocidentais ganhavam força no território do Líbano atual, aumentava a imagem positiva e moderna de instituições de ensino superior abertas por essas missões. Esse é o caso da Syrian Protestant College, fundada em 1866, e que passaria a se chamar Universidade Americana de Beirute em 1922. As transformações sociais propiciadas pelo prestígio atribuído a essas instituições logo passaram a seduzir os membros dos grupos árabes que habitavam o Império Otomano, que, encantados com o avanço intelectual do Ocidente, compraram facilmente as imagens do grande desenvolvimento técnico e cultural dos países ocidentais, em um período em que os otomanos representavam o estigma do atraso e do conservadorismo a ser superado. A América, portanto, seria vista como uma terra de infinitas possibilidades, e mesmo o Brasil, ainda rural e distante desses avanços intelectuais, se beneficiaria do imaginário construído pelas instituições de ensino que tanto atraíam os jovens árabes naquele momento.

Durante a Primeira Guerra Mundial, o que era apenas uma admiração cultural foi se transformando em uma opção efetiva, principalmente quando o Império Otomano declarou seu alinhamento com a Tríplice Aliança, formada por Alemanha, Áustria-Hungria e Itália (que posteriormente abandonou o conflito). A necessidade de engrossar as tropas de combate dos otomanos com o recrutamento forçado de súditos árabes fez com que a emigração libanesa para a América fosse encarada como uma saída para quem não desejasse defender um império visto como opressor. O confisco de alimentos produzidos pelos atuais territórios da Síria e do Líbano agravou ainda mais a crise econômica vivida pelos habitantes dessas regiões, principalmente aqueles que dependiam das plantações de amoreira para a produção de seda. As ações intransigentes dos otomanos na guerra reforçaram as posições nacionalistas crescentes entre os árabes, que defendiam cada vez mais a desvinculação de suas províncias sob domínio de Istambul por meio de doutrinas nacionalistas antiotomanas. Um dos momentos mais críticos dessa crise foi o genocídio contra os armênios perpetrado pelo Império Otomano a partir de 1915. As posições nacionalistas da população armênia, majoritariamente cristã, vincularam esse grupo aos impérios europeus que lutavam contra os otomanos. No momento em que a população libanesa emigrava para tentar fugir das consequências de uma guerra que não era sua, a população armênia foi obrigada a se deslocar, principalmente do oeste da Anatólia para a costa mediterrânea, passando por parte do deserto sírio. Alguns autores afirmam que, de uma população de aproximadamente dois milhões de pessoas, os armênios, pela ação deliberada do Estado otomano, foram reduzidos a 500 mil, o que configura um caso de genocídio moderno. Muitos dos armênios sobreviventes passaram a viver em território libanês; seus descendentes formam uma colônia de grande importância econômica e cultural no país até hoje.

Outro episódio crítico que reforçou o clima de instabilidade no Oriente Médio durante a Primeira Guerra Mundial foi a chamada Revolta Árabe ocorrida entre 1916 e 1918. A partir de uma troca de correspondência entre o xerife de Meca, Hussein Ibn Ali, e o alto-comissário britânico no Egito, Henry McMahon, foi construída a estratégia de se alinhar uma revolta dos povos árabes contra Istambul com as ações militares britânicas, o que ajudaria os ingleses a enfraquecer o Império Otomano em troca do reconhecimento de um grande Estado independente que abarcasse os territórios árabes da Ásia, com exceção de áreas consideradas estratégicas para as potências europeias como o litoral mediterrâneo (Líbano e Síria) e o sul do atual Iraque. A proposta de sublevação convergia com o crescimento de um nacionalismo árabe no interior do Império Otomano que, motivado pelo movimento cultural de influência ocidental chamado an-Nahda, garantiu a formação de uma consciência nacional contrária à política de Istambul de assimilar os árabes ao projeto imperial otomano. A Revolta Árabe contou com a participação ativa de Thomas Edward Lawrence, conhecido posteriormente como Lawrence da Arábia, oficial do exército britânico considerado um entusiasta da causa árabe e um dos principais articuladores das estratégias militares dos revoltosos contra o exército otomano.

O reconhecimento do papel social e econômico dos emigrantes é valorizado no Líbano atual. Em Biblos, esse monumento na Praça aos Emigrantes Libaneses serve de testemunho e agradecimento aos esforços desses homens e mulheres.

Durante esses momentos de tensão, a imigração libanesa ganhou peso, reforçando uma rede de contatos no Brasil anterior à Primeira Guerra Mundial. Aspectos identitários como parentesco, religião, povoado de origem, entre outros, serviram como fundamentos para que a migração para o Brasil deixasse de ser um projeto individual e temporário para ser um empreendimento coletivo baseado em redes de acolhimento que reforçavam o papel social de certas famílias pioneiras no interior da colônia libanesa. A expansão da migração em rede era vantajosa para todos, principalmente para os libaneses que já estavam nas cidades brasileiras e precisavam de mais mão de obra para a expansão de suas atividades comerciais. Enquanto, no Brasil, os novos imigrantes já encontravam uma situação estável em sua chegada, o enriquecimento de algumas famílias garantia maior visibilidade social da primeira geração de descendentes de libaneses, que agora buscavam inserção social por meio da entrada em universidades brasileiras, para seguir carreiras de prestígio como Medicina, Direito e Engenharia.

Ao longo do século XX, outros momentos de crise política no Líbano, como os conflitos de 1958 e a Guerra Civil de 1975, também favoreceram a vinda dos cidadãos libaneses ao Brasil. A diferença fundamental no perfil dessa imigração foi não ser composta majoritariamente por cristãos. Crescia, portanto, o número de libaneses judeus e muçulmanos que encontravam refúgio em solo brasileiro. Essa migração mais recente começa a ser estudada no Brasil agora, principalmente por meio de relatos recolhidos por pesquisadores que se debruçam metodologicamente nas técnicas da História Oral. Ao mesmo tempo, o Líbano já independente começa a reconhecer a importância da sua colônia brasileira, seja pelo envio sistemático de dinheiro ao país de origem ou mesmo por meio da visita oficial de autoridades libanesas ao Brasil, como a vinda do presidente libanês Camille Chamoun em 1954, durante o governo de Getúlio Vargas, e das recentes viagens do primeiro-ministro Rafiq Hariri em 2003, e dos presidentes Emile Lahoud e Michel Sleiman, respectivamente em 2004 e 2010, durante o governo Lula.

## QUANDO A COALHADA AZEDA: ESTIGMAS E CONFLITOS DA IMIGRAÇÃO LIBANESA NO BRASIL

A imagem do mascate bonachão que seduz o freguês com um bom desconto e vive de forma precária pelos rincões brasileiros é uma visão romântica e superficial da imigração libanesa. É claro que muitas famílias e cidadãos do Líbano que construíram suas vidas no Brasil dos últimos cem anos são gratas às oportunidades que tiveram. Entretanto, é chegada a hora de acabar com a ingenuidade de que não houve conflito entre os libaneses recém-chegados e a sociedade brasileira. Se os estigmas marcaram a trajetória de outros grupos de imigrantes no Brasil, tais como italianos, alemães, angolanos, portugueses e espanhóis, por que teria sido diferente com os libaneses?

Os famosos "turcos" ou "árabes", como eram tratados os imigrantes sírios e libaneses pelo imaginário cultural brasileiro, também sofreram campanhas difa-

176 | Os libaneses

matórias no interior de uma sociedade conservadora mantida pela sobrevivência de valores aristocráticos durante o momento em que o Brasil vivia a passagem da condição de Império para República. Em seu trabalho sobre o reconhecimento social dos imigrantes sírios e libaneses na cidade de São Luís, no Maranhão, o pesquisador Marcelo Magalhaes reproduz um forte debate presente nas páginas de alguns jornais maranhenses sobre os imigrantes. Nas páginas do jornal *A Pacotilha*, de 1900: "[...] o quanto vale a decantada imigração árabe para esta terra, o seu modo de negociar, de forma a prejudicar o comércio sério e honesto desta praça [de São Luís]".

A questão central dos primeiros estranhamentos entre os brasileiros e os libaneses dizia respeito ao espaço que os imigrantes conquistavam no comércio urbano. A campanha difamatória sustentada, sobretudo, pela imprensa expressava o descontentamento de elites locais que perdiam o controle da atividade comercial para os imigrantes, já dotados de uma visão mais empreendedora e flexível em relação à sua política de preços. Antes de qualquer argumentação embasada em sentimentos nacionalistas ou questões "raciais", a motivação inicial dos raivosos discursos contra os imigrantes libaneses era pautada na perda cada vez maior da freguesia.

O mascateio e até a prática de se regatear os preços a partir de uma longa e divertida negociação não são técnicas comerciais inventadas pelos libaneses, e, mesmo antes, já havia mascates portugueses e italianos em atividade no Brasil. O incômodo com a presença libanesa se justificava, portanto, pelo êxito que essa comunidade imigrante obteve em grande parte do território brasileiro. Após a irritação e os protestos provocados pela atividade comercial praticada por esses imigrantes é que se acrescentaram à retórica difamatória questões pretensamente políticas e culturais. Esse é o caso mencionado por Oswaldo Truzzi em um de seus trabalhos sobre os imigrantes sírios e libaneses. Das páginas dos folhetins, a polêmica sobre os "turcos" passou a figurar nas instâncias políticas brasileiras, como a Câmara de Vereadores da cidade de São José do Rio Preto em 1906. O vereador Porfírio de Alcântara Pimentel, descontente com a presença dos imigrantes sírios e libaneses em sua cidade, propôs um projeto de lei que estabelecia: "todos os turcos que *fallar* na língua turca perto de um brasileiro por cada vez que *fallar* multa de 10$000 paga na boca do cofre municipal".

Esse relato do desconforto com a presença da imigração síria e libanesa em São José do Rio Preto exemplifica bem a mudança sofrida pela crescente retórica caluniadora contra esses indivíduos, que passam a ser vistos por alguns não apenas como um problema econômico por conta do sucesso comercial, mas também como um problema político a ser resolvido pelas autoridades locais. O caráter sedicioso de uma língua estranha assume a condição de perigo passível de condenação, pois os que são desonestos no comércio podem estar tramando algo pernicioso codificado em seu idioma excêntrico.

A língua árabe sempre foi um obstáculo para a integração rápida dos seus falantes aos espaços sociais fora de suas colônias. Muitos descendentes de imigrantes libaneses contam que seus pais e avós evitavam falar em árabe com as crianças para que elas crescessem familiarizadas com o português e, portanto, fossem mais facilmente assimiladas pela sociedade local. Em alguns casos, o uso do árabe não era apenas evitado no âmbito familiar, mas era até mesmo proibido, o que reforça o argumento de que a construção dos estigmas culturais sobre os libaneses era uma realidade que atingia fortemente o projeto social da família imigrante.

O passo seguinte do discurso brasileiro contra os libaneses estendia o estranhamento da língua para outras formas de estigmatização. Em seu livro sobre a pluralidade da comunidade árabe no Rio de Janeiro, Paulo Gabriel Hilu da Rocha Pinto faz menção ao trabalho de Wadih Safady, que assinala a estratégia retórica de se atribuir aos "turcos" determinados comportamentos incompatíveis com os costumes e a moral da sociedade brasileira. Nas palavras de Safady:

> [...] Essa propaganda (dos jornais cariocas) evoluiu de tal maneira que vários contos fictícios eram inventados contra os mascates. O "turco come gente" veio a ser a frase que dominou o ambiente dos fanáticos.

A ideia de que esses imigrantes eram antropófagos estava associada ao hábito do consumo de carne crua em um de seus pratos típicos, o quibe cru. Paulo Gabriel Hilu da Rocha Pinto faz um inventário interessante dos estigmas associados à crença de que sírios e libaneses eram canibais. Indiretamente, essa retórica tentava relacionar a tradição desses povos ao caráter primitivo atribuído aos orientais, o que seria contrário ao projeto nacional brasileiro a partir dos anos 1920 de um país homogêneo e moderno.

Entretanto, o episódio mais emblemático de conflito entre o conservadorismo social do Brasil e a presença dos libaneses na paisagem urbana do país foi a chamada "Guerra do Pente", ocorrida em Curitiba no dia 8 de dezembro de 1959. Tudo começou com a popularização de uma campanha estadual para aumentar a arrecadação de impostos denominada "seu talão vale um milhão". Tratava-se de uma iniciativa para que os clientes do comércio pedissem a nota fiscal dos produtos adquiridos, que depois eram trocadas por bilhetes que concorreriam a um prêmio de um milhão de cruzeiros em dinheiro. A promoção tinha duas condições: era preciso juntar três mil cruzeiros em notas para trocá-las por um bilhete, e os estabelecimentos comerciais só estariam obrigados a emitir a nota fiscal a partir de compras com o valor mínimo de 50 cruzeiros.

No fim da tarde daquele dia, o subtenente da Polícia Militar do Estado do Paraná, Antônio Tavares, entrou na loja do comerciante libanês Ahmed Najar, em plena Praça Tiradentes, centro de Curitiba, para comprar um pente com valor inferior aos 50 cruzeiros considerados o menor preço para a emissão da nota fiscal. O subtenente ignorou a condição do valor mínimo e exigiu que o comerciante libanês emitisse a nota. Ahmed Najar se recusou a fazer o documento fiscal afirmando que não sabia escrever em português. Indignado, Antônio Tavares disparou uma sequência de insultos ao libanês, que, enraivecido, entrou em luta corporal com o subtenente; dando-se melhor no duelo, Ahmed Najar chegou a quebrar a perna do cliente.

A notícia do enfrentamento se espalhou pela cidade e foi seguida por tumultos que começaram com o apedrejamento da loja de Najar, e em seguida fugiram ao controle. Teve início, a partir desse episódio, uma onda de destruição que atingiu não somente propriedades de libaneses, mas também de outros comerciantes de origem estrangeira, além de prédios públicos. A situação chegou a níveis tão alarmantes que as Forças Armadas foram chamadas para conter a população enfurecida. Somente dois dias depois, com a participação ativa de diversos órgãos de segurança, é que a revolta foi controlada. O pesquisador Jamil Zugueib destacou em um artigo sobre o tema uma manchete do jornal *Diário do Paraná* que anunciava: "uma declaração de guerra aos turcos" (9/12/1959). As reportagens não escondiam argumentos xenófobos contra os comerciantes libaneses e o acontecimento ganhou repercussão nacional nos dias seguintes, chegando às páginas da revista *Cruzeiro*, de grande circulação em todo o Brasil. Jamil Zugueib também menciona que a colônia árabe garantiu que o caso alcançasse notoriedade internacional, tendo o presidente egípcio à época, Gamal Abdel Nasser, se referido ao ocorrido em seu programa de rádio difundido pelos países do Oriente Médio.

Nesse contexto, a chamada "Guerra do Pente" pode ser tomada como um momento ícone da situação de conflito da imigração síria e libanesa ao Brasil. O tom preconceituoso dos argumentos contrários à presença dos árabes no comércio das cidades brasileiras mostra que a visão romântica do mascate afável é apenas uma das múltiplas imagens da formação da colônia libanesa no território brasileiro. Para além das páginas da literatura nacional, seja com o Nacib de Jorge Amado ou com os irmãos Yaqub e Omar de Milton Hatoum, os sírios e libaneses são tão conflituosos e ameaçadores à elite brasileira conservadora quanto qualquer estrangeiro que se contrapõe às raízes aristocráticas da sociedade local. Parece que a lógica da esfiha de frango satisfaz apenas o estômago dos brasileiros e não atinge os olhos vigilantes dos "defensores da pátria".

Mas é fato que as lições de intolerância da "Guerra do Pente" foram aprendidas e reproduzidas pelos descendentes de libaneses que vivem no Brasil. Em um recente trabalho sobre a disputa comercial entre os representantes do comércio imigrante libanês e os chineses e coreanos recém-chegados ao país, os cientistas sociais Neiva Vieira da Cunha e Pedro Paulo Thiago de Mello retratam situações de conflito econômico na maior área de comércio popular do Rio de Janeiro, a Saara. De acordo com os pesquisadores, a abertura de lojas de chineses e coreanos nessa região tem sido encarada pelos tradicionais comerciantes libaneses como uma "invasão". As novas mercadorias introduzidas no mercado popular e a política de preços baixos dos novos negociantes teriam instaurado um clima de guerra no centro do Rio de Janeiro. As famosas lojas de produtos a R$ 1,99 provocaram contundentes reações dos comerciantes locais de origem libanesa, que consideraram esse tipo de prática algo pérfido. Os chi-

As redondezas da rua da Alfândega, no Rio de Janeiro, são conhecidas como uma das maiores áreas de comércio popular do país, reunindo imigrantes de diversas nacionalidades. A Saara (Sociedade de Amigos das Adjacências da Rua da Alfândega) é um ícone da capital carioca.

180 | Os libaneses

A presença do Brasil no Líbano é sentida em pequenos detalhes nos centros urbanos do país. Esse cartaz, na região turística de Biblos, faz referência a Iemanjá, um símbolo da cultura popular brasileira.

A região do Líbano com maior influência do Brasil é o Vale do Bekaa. Na cidade de Chtaura, o *outdoor* do Supermarket Brazil denota relevância da emigração no cotidiano dos cidadãos libaneses.

neses e coreanos são acusados rotineiramente de *dumping* (venda de produtos abaixo do preço de custo), um tipo de estratégia comercial considerada imoral e com o intuito de destruir a concorrência. Os argumentos outrora atribuídos aos varejistas de fala árabe no começo do século XX são, muitas vezes, repetidos pelos seus descendentes ao retratarem a presença desses novos imigrantes no comércio carioca. A dificuldade de compreender a língua materna falada por eles e a suposta deslealdade de sua política de preços são parte de uma retórica recorrente que pretende atribuir aos chineses e coreanos os mesmos estigmas de desonestidade e incivilidade, que tanto assombraram os libaneses no início de seu êxito econômico no Brasil. Não há espaço para yakisobas de palmito na terra das esfihas de frango e dos quibes com catupiry?

# CRONOLOGIA

- 1500-1200 a.C. – Fenícios inventam o alfabeto, e se notabilizam pela criação e venda da púrpura de Tiro (corante).
- 724 a.C. – Assírios iniciam cerco à cidade fenícia de Tiro, que se prolonga por quatro anos.
- 710 a.C. – Revolta de Judá, Tiro e Sidon contra a Assíria.
- 587 a.C. – Império Babilônico conquista terras fenícias.
- 555-333 a.C. – Império Persa passa a dominar a Fenícia.
- 332-64 a.C. – Alexandre, o Grande, conquista Tiro, dando início a um longo período de helenização das cidades-Estado fenícias.
- 140 a.C. – Beirute é fortemente atacada por Diodotus Trífon, rei selêucida, durante a era helenística.
- 64 a.C. – Beirute passa a integrar o Império Romano.
- 451 d.C. – Comunidade cristã de maronitas procura refúgio nas montanhas do Líbano.
- 551 – Terremoto de grande magnitude destrói a cidade de Beirute e parte do litoral do Líbano atual.
- 636-44 – O Império Árabe-Islâmico conquista a região do Mediterrâneo oriental.
- 650 – Chegada dos maronitas à região do Monte Líbano.
- 661 – Muawiyah I, fundador da dinastia Omíada, é nomeado governador da Síria, incluindo o Líbano atual.
- 986 – Nascimento da comunidade religiosa dos drusos, fundada por Ad-Darazi.
- 1110-24 – Os Cruzados capturam áreas de Beirute, Sidon e Tiro.
- 1212 – A partir das Cruzadas, tem início o processo de aproximação entre a Igreja Maronita e o papado.
- 1291 – A dinastia Mameluca, liderada pelo sultão Qalawun, conquista o Condado de Trípoli, uma das mais importantes possessões dos cruzados no Oriente Médio.
- 1308 – Mamelucos expulsam xiitas e alawitas da região.
- 1516 – Os otomanos conquistam os territórios árabes do Sultanato Mameluco. Um governo semiautônomo do Líbano é concedido a Fakhr ad-Din pelo sultão otomano Selim I.

## 184 | Os libaneses

- 1570-1635 – Fakhr ad-Din II estabelece um reino sob domínio druso na região de Chouf, Líbano, até ser morto pelo sultão otomano Murad IV.

- 1613 – Após derrota militar contra os otomanos, Fakhr ad-Din II é exilado na Toscana.

- 1618 – Fakhr ad-Din II volta para o Líbano.

- 1622 – Batalha de Anjar entre o exército otomano e o exército de Fakhr ad-Din II.

- 1635 – Fakhr ad-Din II é executado depois de derrotado.

- 1840 – Tropas britânicas e otomanas desembarcam na costa do Líbano.

- 1840-58 – Conflitos sangrentos entre os drusos e maronitas.

- 1857 – A indústria do vinho tem início quando monges jesuítas fundam o *Chateau Ksara*, no Vale de Bekaa.

- 1860 – Novo conflito entre drusos e maronitas. Napoleão III da França envia sete mil soldados para Beirute, ajudando a criar uma partição territorial entre esses dois grupos.

- 1836-1914 – Execução das reformas administrativas otomanas na região do Líbano por meio de *tanzimats* e mutassarifatos.

- 1880-1920 – Ápice da emigração sírio-libanesa para o Brasil.

- 1916 – Mudança do mapa político da região com o Acordo *Sykes – Picot*.

- 1920 – França proclama o "Estado do Grande Líbano".

- 1926 – Adoção da Carta Constitucional libanesa.

- 1932 – Primeiro censo populacional do Líbano, dando supremacia política aos cristãos maronitas.

- 1941 – Primeira declaração de independência do Líbano.

- 1943 – Independência formal do Líbano e início do Pacto Nacional.

- 1948 – Início da Primeira Guerra Árabe-Israelense que gera a emigração de milhares de palestinos para o Líbano.

- 1952 – Primeira crise política do Estado libanês independente e renúncia de Bechara al-Khoury.

- 1958 – O presidente libanês Camille Chamoun, ameaçado politicamente, aciona a Doutrina Eisenhower para manter-se no poder.

- 1958-64 – Presidência de Fuad Shehab.

- 1969 – Líbano assina os Acordos do Cairo, conferindo regulamentação ao movimento palestino chefiado por Yasser Arafat.

- 1970-75 – Radicalização das posições políticas confessionalistas no Líbano.

- 1975 – Início da Guerra Civil no Líbano.

# Cronologia | 185

- 1976 – A Liga dos Estados Árabes envia um contingente militar, denominado "Força Árabe de Dissuasão", para apaziguar os conflitos entre grupos políticos e confessionais no Líbano. Tropas sírias ocupam o país.
- 1982 – Após sua eleição, o presidente Bashir Gemayel é morto em atentado. Israel invade o Líbano. Massacre de Sabra e Chatila.
- 1982-85 – É fundada a milícia xiita Hezbollah, com apoio iraniano.
- 1983 – Atentado atribuído ao Hezbollah promove a morte de duzentos soldados norte-americanos em ataque à Embaixada.
- 1988-90 – O general Michel Aoun assume a presidência do Líbano.
- 1989-90 – As diversas milícias da Guerra Civil assinam os Acordos de Taif, dando um desfecho ao conflito.
- 1994 – Fundada a Société Libanaise pour le Développement et la Reconstruction (Sociedade Libanesa para o Desenvolvimento e a Reconstrução), referida pela sigla SOLIDERE.
- 1992-98 – Mandato de Rafiq Hariri como primeiro-ministro libanês.
- 1993 – Israel lança ataques contra o Líbano em uma tentativa de eliminar o Hezbollah e grupos de guerrilheiros palestinos.
- 1996 – Força militar israelense bombardeia bases do Hezbollah no sul do Líbano, na chamada "Operação Vinhas da Ira". Ataque israelense atinge base da ONU em Qana.
- 2000 – Israel retira suas tropas do sul do Líbano. Rafiq Hariri é empossado primeiro-ministro pela segunda vez.
- 2004 – Mandato do presidente Emile Lahoud prorrogado por três anos pelo Parlamento. Rafiq Hariri renuncia.
- 2005 – Ex-primeiro-ministro Rafiq Hariri é assassinado em ataque com carro-bomba que mata outras vinte e duas pessoas e faz centenas de feridos. Tem início a chamada Revolução dos Cedros, que pedia a investigação do atentado e reivindicava a retirada das tropas sírias do território libanês. Como resultado dessas manifestações populares, as tropas sírias se retiram oficialmente do Líbano.
- 2006 – Israel ataca o Líbano como resposta ao sequestro de dois soldados israelenses pelo Hezbollah.
- 2007 – Exército libanês toma o controle do campo de refugiados palestinos de Nahr al-Bared, provocando a morte de mais de trezentas pessoas e a fuga de mais de quarenta mil palestinos.
- 2007-2008 – Uma série de atentados e conflitos traz a instabilidade política ao país.
- 2008 – Líbano e Síria estabelecem relações diplomáticas. Os Estados Unidos concordam em entregar tanques para o exército libanês, enquanto a Rússia aceita fornecer dez aviões de combate.
- 2009 – Três foguetes do Líbano atingem o norte de Israel, e o primeiro-ministro libanês, Fuad Siniora, condena os ataques. Após eleições, Saad Hariri, filho de Rafiq Hariri, é nomeado primeiro-ministro. O Líbano abre embaixada na Síria.

## 186 | Os libaneses

- 2010 – O Parlamento libanês aprova lei que concede direito de trabalho a refugiados palestinos. Tropas libanesas e israelenses trocam tiros ao longo da fronteira. A Rússia concorda em fornecer armas e munições ao exército do Líbano novamente.

- 2011 – Corte internacional apoiada pela ONU emite mandados de prisão para quatro membros do Hezbollah, acusando-os de envolvimento com a morte de Rafiq Hariri. Tem início a Guerra Civil na Síria. O Líbano passa a receber um fluxo intenso de refugiados.

- 2012 – Proibição de fumar em todos os locais públicos entra em vigor. Mas a lei não é respeitada.

- 2013 – Tammam Salam é nomeado novo primeiro-ministro. Por questões de segurança, as eleições parlamentares são adiadas.

- 2014 – Após dez meses de negociações, um novo governo de partilha de poder é formado pelo primeiro-ministro Tammam Salam. O número de refugiados sírios no Líbano atinge cifras alarmantes. O fim do mandato do presidente Michel Sleiman gera nova crise, já que, sem consenso político, o Líbano segue sem novo presidente.

- 2015 – Diante da crise política do país, alguns serviços básicos como o fornecimento de água e de energia elétrica e o recolhimento do lixo urbano entram em colapso. A população se revolta e responsabiliza o Parlamento pelo problema.

# BIBLIOGRAFIA

ALI, Sahar. *Project of statistical data collection on film and audiovisual markets in 9 mediterranean countries* – Country profile: 3. Lebanon. Tunis: Department for Information on Markets and Financing, European Audiovisual Observatory (Council of Europe), 2013.

ATTIÉ, Caroline. *Struggle in the Levant*: Lebanon in the 1950s. London: I. B. Tauris, 2004.

BINAY, Sara. "Where are they going?": Jokes as indicators of social and political change. In: HEES, Syrinx von; MALTZAHN, Nadia von; WEINRICH, Ines. "Inverted worlds: cultural motion in the Arab region". Beirut, 4-8 out. 2012.

BOUSTANY, Fouad L. *Introduction à l'histoire politique du Liban moderne*. Paris: Cariscript, 1991.

BREEN, Colin et al. WESTLEY, Kieran. *The Mamluk/ Ottoman-period maritime cultural landscape of Lebanon*: a report presented to the honor Frost Foundation. Coleraine: Centre for Maritime Archaeology – University of Ulster, 2014.

CHAOUACHI, Kamal. *Tout savoir sur le narguilé*: société, culture, histoire et santé. Paris: L'Harmattan, 2012.

CORMS, Georges. *El Líbano contemporáneo*: historia y sociedad. Barcelona: Bellaterra, 2006

COSTA, Renato José da. *O islamismo e suas implicações no processo democrático libanês*. São Paulo, 2006. Dissertação (Mestrado em História Social) – Faculdade de Filosofia, Letras e Ciências Humanas, Universidade de São Paulo.

DATIN, Armelle. La villégiature des mots. *Nuit blanche, le magazine du livre*, n. 88, 2002.

DJAHJAH, Fernanda Resende. *Estudo comparativo sobre instrumentos de participação política nos direitos brasileiro e libanês*. Rio de Janeiro, 2013. Dissertação (Mestrado em Direito) Departamento de Direito, Pontifícia Universidade Católica do Rio de Janeiro.

DE WALLY, Henri. *Liban, Syrie*: le mandat 1919-1940. Paris: Editions Perrin, 2010.

DUTRA JÚNIOR, José Ailton: *O Líbano e o nacionalismo árabe (1952-1967)*: o nasserismo como projeto para o Mundo Árabe e o seu impacto no Líbano. São Paulo, 2014. Dissertação (Mestrado em História Econômica) – Faculdade de Filosofia, Letras e Ciências Humanas, Universidade de São Paulo.

EDDÉ, Emile. *A Igreja Maronita e o Líbano*. Rio de Janeiro: Centro Cultural da Missão Libanesa Maronita do Brasil, 1989, 2 v.

FISK, Robert. *Pobre nação*: as guerras do Líbano no século XX. São Paulo: Record, 2007.

GÓMEZ-BENITA, Ignacio Gutiérrez de Terán. *Estado y confesión en Oriente Medio*: el caso de Siria y Líbano. Madrid: Cantarabia Editorial, 2003.

HARRIS, William. *Lebanon*: a history, 600-2011. New York: Oxford University Press, 2012.

HAYEK, Domingo Garí. *Historia contemporánea del Líbano*. Santa Cruz de Tenerife: Ediciones Idea, 2006.

HAUGBOLLE, Sune. *War and memory in Lebanon*. Cambridge: Cambridge University Press, 2010.

HEYBERGER, Bernard. *Chrétiens du monde arabe*: un archipel en terre d'Islam. Paris: Editions Autrement, 2003.

HOURANI, Albert. *O pensamento árabe na era liberal*: 1798-1939. São Paulo: Companhia das Letras, 2005.

IZQUIERDO BRICHS, Ferran (org.). *Poder y regímenes en el mundo árabe contemporáneo*. Barcelona: Fondació CIDOB, 2009.

KARAM, Christian da Camino. *Da revolução política ao reformismo socioeconômico*: Hizballah, islamo-nacionalismo e economia de redes no Líbano do pós-guerra civil (1992-2006). São Paulo, 2010. Dissertação (Mestrado em História Econômica) – Faculdade de Filosofia, Letras e Ciências Humanas, Universidade de São Paulo.

KARAM, John Tofik. *Um outro arabesco*: etnicidade sírio-libanesa no Brasil neoliberal. São Paulo: Martins, 2007.

KAZARIAN, Shahe S. *Humor in the collectivist Arab Middle East*: the case of Lebanon. International Journal of Humor Research, v. 24, n. 3, 2011.

## 188 | Os libaneses

KNUDSEN, Are; KERR, Michael (orgs.). *Lebanon after the Cedar Revolution*. New York: Oxford University Press, 2013.

KHADER, Bichara. *El mundo árabe explicado a Europa*: historia, imaginario, cultura, política, economia, geopolítica. Barcelona: Icaria Editorial, 2010.

KHATLAB, Roberto. *Árabes cristãos?* São Paulo: Ave-Maria, 2009.

MAALOUF, Amin. *As Cruzadas vistas pelos Árabes*. São Paulo: Brasiliense, 1988.

MAKTABI, Rania. The Lebanese census of 1932 revisited – Who are the Lebanese? *British Journal of Middle Eastern Studies*. Durham, v. 26, n. 2, 1999, pp. 219-241.

MANGO, Tamam. *SOLIDERE: the battle for Beirut's Central District*. Cambridge, 2004. Dissertation (Master in City Planning) – Massachusetts Institute of Technology.

MARTÍN, Javier. *Hizbulah*: el brazo armado de Dios. Madrid: Catarata, 2006.

MARTINEZ, Fernando Prados. *Los fenícios*. Madrid: Marcial Pons Ediciones de Historia, 2007.

MEIHY, Murilo Sebe Bon. Arabia Brasiliensis: os estudos árabes e islâmicos no Brasil. *Hamsa. Revista de Estudos Judaicos e Islâmicos*, v. 1, 2015, pp. 18-28.

NORTON, Richard Augustus. *Hezbollah*: a short history. United Kingdom: Princeton University Press, 2007.

OSMAN, Samira Adel. *Imigração árabe no Brasil*: histórias de vida de libaneses muçulmanos e cristãos. São Paulo: Xamã, 2011.

PINTO, Paulo Gabriel Hilu da Rocha. *Árabes no Rio de Janeiro*: uma identidade plural. Rio de Janeiro: Instituto Cultural Cidade Viva, 2010.

PRIMAKOV, Yevgeny. *Russia and the Arabs*: behind the scenes in the Middle East from the Cold War to the present. New York: Basic Books, 2009.

SALEM, Elise. *Constructing Lebanon*: a century of literary narratives. Gainesville: University Press of Florida, 2003.

SALIBI, Kamal. *A house of many mansions*. California: University of California Press, 1988.

SCALERCIO, Márcio. *Oriente Médio*: uma análise reveladora sobre dois povos condenados a conviver. Rio de Janeiro: Campus, 2003.

TALHAMI, Ghada. *Historical dictionaries of women in the world*. Maryland: Scarecrow Press, 2013.

TRABOULSI, Fawwaz. *A history of modern Lebanon*. London: Pluto Press, 2007.

TRUZZI, Oswaldo. *Patrícios*: sírios e libaneses em São Paulo. São Paulo: Hucitec, 1997.

# O AUTOR

**Murilo Meihy** é professor de História Contemporânea da Universidade Federal do Rio de Janeiro (UFRJ). Mestre em História Social da Cultura pela Pontifícia Universidade Católica do Rio de Janeiro (PUC-RIO) e em Estudos Árabes e Islâmicos pela Universidad Autónoma de Madrid (UAM). Doutor em Estudos Árabes pela Universidade de São Paulo (USP). É também autor de livros e artigos sobre a história e a cultura de países do Oriente Médio.

# AGRADECIMENTOS

Este livro é em si mesmo uma espécie de longa retribuição a tudo o que o Líbano e os libaneses me deram. Do meu nariz enorme ao sentimento de amor que tenho pela minha outra pátria, devo tudo a um punhado de gente que reproduz o *ethos* libanês em todas as partes do mundo. Nestas páginas, além do afeto evidente, as duras palavras que utilizei para descrever o Líbano são comparáveis às lamentações que somente quem ama pode desferir contra o que admira. O contato com a terra dos antepassados é a primeira experiência emocional que dá sentido ao meu amor pelo pretérito, expresso, nesse caso, na escolha da minha profissão, da minha forma de ver o mundo e da necessidade de esquecer e rememorar as pessoas que trouxeram o Líbano para perto de mim ao longo desses anos.

Assim, começo e termino este agradecimento nomeando aqueles que me ajudaram a escrever este livro por compartilharem comigo o amor incondicional pelo Líbano. Nesse sentido, a palavra "diáspora" perde seu significado, pois as pessoas que quero agradecer aqui são aquelas que fazem com que a alegria de ser libanês esteja presente nas areias de Ubatuba, nas montanhas de Guaratinguetá, nas ruas de Taubaté e no burburinho da 25 de Março, em São Paulo, e da Senhor dos Passos, no Rio de Janeiro.

Igualmente, agradeço a personagens como Catarina Sebe, Ibrahim Nagib Bon Meihy e Maria Sebe Bon Meihy: os pioneiros. Ao lado dessas figuras, estendo essa gratidão também a Ahmed Zoghbi, Andrea Daher, Andrew Patrick Traumann, Beatriz Bissio, Eduardo Ferraz Felippe, Gisele Fonseca Chagas, Huda Bakur, Muna Omran, Nami Hanna, Omar e Safa Jubran, Paulo Gabriel Hilu da Rocha Pinto, Rodrigo Maron, Samira Osman, Thomaz, Gabriel e Charlinho Samahá, entre outros.

Ao lado "bom" das famílias Sebe e Bon Meihy (Bon, com "n"): os que não mentem e não se dobram.

Agradeço também aos editores Jaime e Luciana Pinsky pelo diálogo.

Ao amigo Bruno Franklin, pela ajuda cinematográfica.

À Daniela Mountian e à Leila Guenther, pelo auxílio com as questões sobre as mulheres presentes no livro.

À Mar Charbel, por tudo...

À Graziela, por tudo e mais um pouco...

**GRÁFICA PAYM**
Tel. [11] 4392-3344
paym@graficapaym.com.br